EINFACH GUT

Sabine Kieslich (Hrsg.)

Brot backen

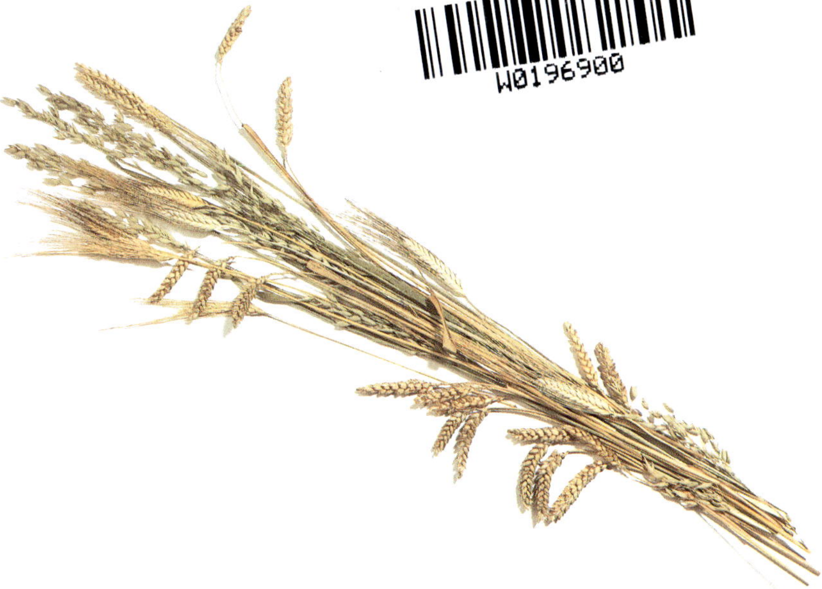

FALKEN

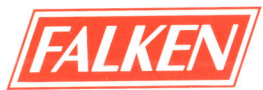

Inhalt

Zu diesem Buch

Brot ist für uns ein unentbehrliches Nahrungsmittel, das aus dem täglichen Leben nicht wegzudenken ist. Außerdem, gibt es etwas Köstlicheres als ein Frühstück mit frischen Brötchen?

Die Kunst des Brotbackens verdanken wir den alten Ägyptern, die auf die Idee kamen, Getreidebrei zu flachen Fladen zu formen und diese auf erhitzen Steinen zu backen. Diese Fladen konnten jedoch nur warm gegessen werden, erkaltet waren sie hart und ungenießbar. Als die Ägypter später die Gärung entdeckten und damit den ersten Sauerteig erfanden, führte das zu einer entscheidenden Verbesserung. Zum erstenmal in der Geschichte aß man ein lockeres, weiches und schmackhaftes Brot. Dieses Beispiel machte natürlich Schule, und seit jenen Tagen ist der gegorene Teig, also der Sauerteig, für das Brotbacken die entscheidende Grundlage. Aber nicht nur in Ägypten fand man Gefallen an diesem wohlschmeckenden Nahrungsmittel, und so verbreitete sich das Bäckerhandwerk im Laufe der Zeit über die ganze Welt, gelangte also auch in unsere Breiten. Die Einführung von Bäckereimaschinen gegen Ende des 18. Jahrhunderts in Europa leitete schließlich die Entwicklung der mechanischen Brotfabrikation ein. Diese führte allerdings dazu, daß das gekaufte Brot heute vielfach seinen kernigen, individuellen Geschmack verloren hat. Ein guter Grund also für immer mehr Hausfrauen und Hausmänner, Brot selbst zu backen.

Zum guten Gelingen selbstgebackener Brote möchte dieses Buch beitragen.

Die Rezepte sind übersichtlich in drei verschiedene Kapitel gegliedert. Sie finden Rezepte für Brote aus Hefeteig, wahlweise pikant oder süß, dann natürlich für Brote aus Sauerteig und, was nicht fehlen darf, für leckere Brötchen.

Eine wichtige Entscheidungshilfe bieten Ihnen die jeweiligen Geschmacksbegriffe über den Abbildungen. Zu jedem Rezept finden Sie im Rezeptkopf einen Hinweis zum Zeitaufwand. Dieser umfaßt die Zubereitungs- sowie die Backzeit der Brote bzw. Brötchen. Extrazeiten zum Quellen, Gehen, Ruhen etc., die ebenfalls im Rezeptkopf aufgelistet sind, müssen Sie dazurechnen. Alles in allem ist das Backen von Brot zeitintensiv. Dies sollten Sie bei Ihrer Zeitplanung bedenken. Darüber hinaus finden Sie zu Ihrer Orientierung über jedem Rezeptfoto ein Stichwort zur Geschmackscharakteristik. Die in den Rezepten angegebenen Backtemperaturen beziehen sich auf einen Elektroherd mit Ober- und Unterhitze.

Viel Erfolg beim Ausprobieren der Rezepte!

Abkürzungen:

EL	=	Eßlöffel (gestrichen)
TL	=	Teelöffel (gestrichen)
Msp.	=	Messerspitze
Bd.	=	Bund
TK-...	=	Tiefkühl-...
l	=	Liter
ml	=	Milliliter
kg	=	Kilogramm
g	=	Gramm
kcal	=	Kilokalorien
ca.	=	circa
P.	=	Päckchen
Min.	=	Minute(n)
Std.	=	Stunde(n)
°C	=	Grad Celsius

Die **Kalorienangaben** beziehen sich immer auf **1 Stück** bzw. **1 Scheibe.**

Was wird zum Brotbacken benötigt?

Mehle

Die wichtigste Zutat für das Brotbacken ist natürlich das Mehl. Daß es beispielsweise Roggen- und Weizenmehl gibt, weiß sicherlich jeder. Was aber darüber hinaus die Typenbezeichnungen bedeuten, oder was Schrot ist, ist weithin unbekannt. Schrot, je nach Getreideart und Zerkleinerungsgrad, auch Grieß oder Grütze genannt, ist grob zerkleinertes Getreide. Es gibt auch die Abstufungen „sehr grob", „mittelfein" oder „fein". Mehl und Schrot werden in „Typen" eingeteilt. Diese Typen geben an, wieviele mg an Mineralstoffen in 100 g Mehl oder Schrot enthalten sind. In 100 g Weizenmehl mit der Type 1700 stecken demnach 1700 mg Mineralstoffe. Je niedriger die Type, desto ärmer an Mineralstoffen ist das Mehl. Gesundheitsbewußte verwenden daher eher Vollkornmehl, -schrot und Backschrot oder mahlen das Getreide sogar selbst. Lagern Sie Vollkornmehl, -schrot und Backschrot immer dunkel, luftdicht und nicht länger als sechs Wochen.

Übrigens, in Österreich und in der Schweiz werden andere Mehltypen verwendet als in Deutschland.

Hier eine kleine Vergleichstabelle:

Deutschland	Österreich	Schweiz
Weizenmehl	*Weizenmehl*	*Weizenmehl*
Type 405	Type 480	Type 400
Type 550	Type 700	Type 550
Type 1050	Type 1600	Type 1100
Type 1600	Type 1700	Type 1900
Roggenmehl	*Roggenmehl*	*Roggenmehl*
Type 815	Type 500	Type 720
Type 997	Type 960	Type 1100
Type 1150	Type 960	Type 1100
Type 1740	Type 2500	Type 1900

Teiglockerungsmittel

Wie gut Brot gelingt, hängt nicht nur von den Zutaten, sondern auch von der richtigen Lockerung des Teiges ab. Diese erreicht man durch ein Treibmittel. Die wichtigsten Treibmittel für den Brotteig sind Hefe und der Sauerteig. Hefe ist das typische Lockerungsmittel für Teige aus Weizenmehl. Frische Hefe können Sie in Würfeln zu jeweils 40 g kaufen. Damit sie ihre Wirkung nicht verliert, sollte sie im Kühlschrank nicht länger als acht Tage gelagert werden. In der Tiefkühltruhe kann man sie bedenkenlos mehrere Wochen aufbewahren. Wer Hefe auf Vorrat im Haus haben möchte, sollte lieber Trockenhefe kaufen. Sie wird in einem industriellen Prozeß aus frischer Hefe gewonnen und ist mindestens 8 bis 10 Monate haltbar.

Sauerteig ist in erster Linie für die Lockerung von Teigen aus Roggenmehl geeignet. Mit Hefe allein würde ein Roggenbrot feucht und glitschig sein. Durch Sauerteig bekommen die Brote ein volles, kräftiges Aroma. Sie sind sehr bekömmlich und lange haltbar. Sauerteig können Sie selbst herstellen. Dies erfordert jedoch viel Zeit und Mühe, damit der Ansatz auch wirklich etwas wird. Einfacher ist es daher, auf bereits fertig angesetzten Sauerteig oder auf Backferment zurückzugreifen (wie in diesem Buch geschehen). Beides bekommen Sie in Reformhäusern und in Bio- oder Naturkostläden. Fertiger Sauerteig wird in 150 g-Beuteln angeboten und ist bei kühler Lagerung bis zu 1 Jahr haltbar. Backferment ist ein trockenes Granulat, welches auch etwa 1 Jahr gelagert werden kann. Bei der Brotherstellung mit Backferment müssen Sie zunächst einen Grundansatz daraus zubereiten. Wie das gemacht wird, entnehmen Sie bitte der Anweisung, die jeder Backfermentdose beiliegt. Im Rezept „Roggenbrot" (Seite 34) steht daher „Grundansatz aus Backferment", was bedeutet, daß dies der bereits nach Packungsanweisung hergestellte Ansatz ist.

Gewürze

Für ein würziges Brot braucht man in erster Linie Salz. Es verleiht dem Brot nicht nur Geschmack, sondern verbessert auch die Eigenschaften des Teiges. Ohne Salz würde er eher sehr fest und klebrig anstatt geschmeidig werden. Trotzdem sollten Sie es so sparsam wie möglich verwenden. Greifen Sie statt dessen lieber auf die klassischen Brotgewürze wie Fenchel, Anis, Koriander und Kümmel zurück. Auch die Zugabe von frischen Kräutern und Zwiebeln hilft Salz einzusparen. Ebenso bieten Ihnen Nüsse (z.B. Haselnüsse, Walnüsse oder Mandeln) und Ölfrüchte (z.B. Sesam, Leinsamen, Sonnenblumenkerne und Mohn) viele Möglichkeiten, den Geschmack Ihrer Brote zu variieren. Sie können unter den Teig gemischt oder auch auf die Teigoberfläche gestreut werden. Eine weitere Geschmacksvariante erhält man, wenn das Wasser zur Herstellung des Brotteigs ganz oder teilweise durch Milch, Molke, Buttermilch, Kefir oder Joghurt ersetzt oder geriebener Käse unter den Teig gemischt wird. Ihrer Phantasie sind in dieser Richtung keine Grenzen gesetzt.

Backformen

Ob Sie Ihr Brot frei formen und auf dem Backblech backen oder ob Sie Backformen verwenden möchten, ist eine Frage des persönlichen Geschmacks. Für ungeübte Brotbäcker ist es zunächst leichter, Formen zu benutzen. Allerdings ist eine Backform auch immer dann nötig, wenn der Teig sehr feucht oder leicht klebrig ist. Nun sind zwar spezielle Brotbackformen aus Keramik im Handel erhältlich. Sie können aber ebensogut Kastenformen aus Schwarzblech, eine Springform oder den Römertopf, ja sogar Blumentöpfe zum Brotbacken verwenden.

Tips zum Brotbacken

Beim Brotbacken ist es dringend erforderlich, genau nach Rezept vorzugehen, um ein Mißlingen zu vermeiden. Beim Bereiten des Brotteigs sollte alles zügig gehen. Daher beginnen Sie am besten damit, alle Zutaten und Geräte, die Sie benötigen, bereitzustellen. Die Zutaten sollten schon fertig abgemessen sein und Raumtemperatur haben.

Der Brotteig wird mit den Händen geknetet. Dazu umfassen Sie den zu einem Ball geformten Teig mit beiden Händen und drücken von der Mitte aus mit den Handballen gegen die Arbeitsfläche nach außen. Dann schlagen Sie eine Teighälfte über die andere und wiederholen diesen Vorgang mehrfach. Den Teigball müssen Sie dabei immer wieder drehen, damit er an allen Ecken und Enden durchgearbeitet wird. Solange der Teig, was am Anfang stets der Fall ist, noch klebrig ist, müssen Sie Hände und Arbeitsfläche mehrmals mit Mehl bestäuben oder dünn bestreuen. Der Teig wird so lange bearbeitet, bis er sich leicht von der Arbeitsfläche lösen läßt und eine feste und zugleich geschmeidige Beschaffenheit hat.

Zum Gehen wird der durchgeknetete Teig in eine Schüssel gelegt, deren Boden mit Mehl dünn bestreut wurde, und mit einem Küchentuch abgedeckt. Das Aufgehen des Teiges erfolgt entweder bei Zimmertemperatur (etwa 24 bis 30 °C) oder an einem warmen Platz. Sie können ihn neben eine Heizung stellen oder in den auf 40 °C geheizten Backofen. Die Backofentür sollte dabei einen Spalt offen bleiben. Ideal zum Gehen sind 35 bis 40 °C, diese dürfen aber keinesfalls überschritten werden.

Die Zeit, die der Teig zum Gehen benötigt, richtet sich nach dem Treibmittel. Hefeteige brauchen etwa 1 Stunde und verdoppeln während dieses Zeitraums beinahe ihr Volumen. Sauerteige hingegen brauchen bis zu 20 Stunden, wobei das Volumen nur etwa um ein Drittel zunimmt. Bevor der gut aufgegangene Teig geformt wird, muß er noch einmal etwa 2 Minuten durchgeknetet werden. Bei diesem Vorgang können Sie dann auch weitere Zutaten wie zum Beispiel Nüsse, Rosinen, Trockenfrüchte, Sonnenblumenkerne, Leinsamen, Käse, Zwiebeln, frische Kräuter etc. dazugeben.

Damit das Brot eine schöne Kruste bekommt, wird es mit einem scharfen, spitzen Messer entweder diagonal eingeschnitten oder – bei sehr flachen Broten – mit einer Gabel mehrmals eingestochen. Wer Brote mit goldgelber Kruste wünscht, streicht deren Oberfläche mit einem verquirlten Eigelb oder mit Milch ein. Danach sollte das geformte Brot je nach Teigart und Größe noch einmal an einem warmen Ort zwischen $1/4$ und $3/4$ Stunden gehen. Besprühen Sie es, bevor es in den Backofen

geschoben wird, noch leicht mit Wasser und verteilen Sie vor dem Schließen der Backofentür etwa eine halbe Tasse Wasser auf den Boden des Backofens oder feuchten Sie die Wände mit einem nassen Tuch an. Dadurch bekommt das Brot einen schönen Glanz und die Teigoberfläche bleibt während des Backens elastisch und reißt nicht.

Sofern nicht anders angegeben, backen Sie Brot auf der unteren und Brötchen auf der mittleren Einschubleiste Ihres Ofens. Das Brot ist dann fertig, wenn es eine schöne Kruste hat und es hohl klingt, wenn man auf den Boden des Laibes klopft. Streichen Sie es zum Schluß mit Wasser ein, damit es seinen schönen Glanz behält, und lassen Sie es auf einem Kuchengitter auskühlen. Hefebrote sollten vor dem Anschneiden etwa 4 Stunden, Sauerteigbrote etwa 24 Stunden liegenbleiben. Brötchen und Fladen können frisch serviert werden.

Aufbewahren von Brot

Brot sollte generell kühl und luftig gelagert werden. Besonders geeignet sind dafür Keramikbehälter. Ungeeignet sind Plastikbeutel, denn darin staut sich Feuchtigkeit, und es kommt schnell zur Schimmelbildung. Brot mit einem hohen Anteil an Roggenmehl hält sich länger frisch als Weizenbrot, das schnell „altbacken" wird. Wenn Sie Ihr selbstgebackenes Brot längere Zeit aufbewahren möchten, können Sie es einfrieren. Dabei bleiben Nährwert und Qualität des Brotes voll erhalten. Lassen Sie es nach dem Backen zunächst abkühlen. Wickeln Sie es anschließend in Alufolie oder packen Sie es in einen Plastikbeutel. Beides muß luftdicht verschlossen sein. Wichtig ist es, das Brot rechtzeitig vor dem Verzehr aus der Tiefkühltruhe zu nehmen, damit es langsam auftauen kann. Zum Auftauen das Brot immer aus der Folie oder dem Plastikbeutel herausnehmen!

PIKANTE UND SÜSSE HEFE-TEIGBROTE

Viele kennen ihn schon vom Kuchen-backen – den Hefeteig. Was aber man-che nicht wissen, er eignet sich auch vorzüglich für die Herstellung von Brot. Ob dies pikant oder süß sein soll, bleibt ganz Ihnen überlassen.

Sonnenblumensonne

- Für ca. 9 Brötchen
- Zubereitungszeit: ca. $1^1/_2$ Std.
- Zeit zum Gehen: ca. $^3/_4$ Std.
- ca. 380 kcal je Brötchen

170 g Sonnenblumenkerne
40 g frische Hefe (1 Würfel)
2 TL Salz
300 ml lauwarmes Wasser
350 g Weizenvollkornmehl
2 TL gemahlener Kümmel
1 EL gemahlener Koriander
6 EL Sonnenblumenöl
150 g Roggenvollkornmehl
Butter für das Blech, 1 Eigelb

1. 150 g Sonnenblumenkerne in einer Pfan-ne ohne Fettzugabe goldgelb rösten. Die Hefe zusammen mit dem Salz im Wasser auflösen. Weizenvollkornmehl, Kümmel und Koriander zur Hefe geben und alles gründlich miteinan-der mischen.

2. 5 Eßlöffel Sonnenblumenöl und das Roggenvollkornmehl hinzufügen und alles so lange kneten, bis ein sehr geschmeidiger Teig entsteht. Die gerösteten Sonnenblumenkerne unterarbeiten und den Teig etwa $1/2$ Stunde gehen lassen.

3. Nun den Teig nochmals gründlich durchkneten, ihn zu einer Kugel formen und auf ein gefettetes Blech legen. Ihn dann so flach drücken, bis ein Durchmesser von ungefähr 28 cm entsteht. Nochmals 20 Minuten gehen lassen.

4. Den Backofen auf 200 °C vorheizen. In die Mitte des Teigfladens mit einer Ausstechform oder einer Tasse (ca. 7,5 cm Ø) einen Kreis hineindrücken. Den Teigrand mit einem nassen Messer achtmal jeweils 7 cm tief einschneiden (so entsteht eine Sonnenblumenform).

5. Das Eigelb mit etwas Wasser und dem restlichen Sonnenblumenöl verquirlen und die Teigoberfläche abwechselnd mit Mehl bestäuben und mit der Eigelbmischung bestreichen. Den Kreis in der Mitte mit den restlichen Sonnenblumenkernen bestreuen und das Brot im Ofen etwa 40 Minuten backen.

KERNIG

Sesambrot mit Hirse

▨ Für 2 Brote à ca. 18 Scheiben

▨ Zubereitungszeit: ca. 1^3/$_4$ Std.

▨ Zeit zum Gehen: ca. 1^1/$_2$ Std.

▨ ca. 140 kcal je Scheibe

400 g Sesamkörner
400 g Naturjoghurt
70 g frische Hefe (1^3/$_4$ Würfel)
250 ml lauwarmes Wasser
2 TL Salz, 1 Msp. gemahlenes Kurkuma
1 Msp. Muskatpulver, 1 Ei
300 g Weizenvollkornmehl
150 g Hirseflocken
150 g Maisgrieß
je 30 g Sesam- und Hirsekörner
Butter für die Form

1. Sesamkörner in einer beschichteten Pfanne ohne Fettzugabe goldgelb rösten. 2 Eßlöffel Joghurt leicht erwärmen und die zerbröckelte Hefe darin anrühren. An einem warmen Ort etwa 40 Minuten gehen lassen.

2. Den Hefeansatz zusammen mit restlichem Joghurt, Wasser, Salz, Gewürzen, Ei, Getreide und gerösteten Sesamkörnern gut verkneten. Den Teig zugedeckt an einem warmen Ort etwa ^{1}/$_2$ Stunde gehen lassen.

3. Den Teig nochmals gut durcharbeiten und zu zwei ovalen Laiben formen. Sesam- und Hirsekörner mischen und auf der Arbeitsfläche verteilen. Die beiden Brotlaibe in den Sesam- und Hirsekörnern wälzen, jeweils in eine ausgefettete Kastenform legen und dann nochmals 20 Minuten gehen lassen.

4. Den Backofen auf 200 °C vorheizen. Die Laibe in den Ofen schieben und etwa 1 Stunde backen. Die Sesambrote auf einem Kuchengitter auskühlen und vor dem Verzehr etwa 4 Stunden ruhen lassen.

Buttermilch-Nuß-Brot

- Für ca. 18 Scheiben
- Zubereitungszeit: ca. $1^{1}/_{2}$ Std.
- Zeit zum Gehen: ca. $1^{1}/_{4}$ Std.
- ca. 200 kcal je Scheibe

250 g Weizenvollkornmehl
200 g Gerstenvollkornmehl
40 g frische Hefe (1 Würfel)
350 ml lauwarme Buttermilch
1 TL Salz
200 g gehackte Haselnüsse
Butter für die Form
80 g Haselnußblättchen
(Reformhaus)

1. Weizen- und Gerstenvollkornmehl in einer Schüssel mischen und in die Mitte eine Vertiefung drücken. Die Hefe in 100 ml Buttermilch auflösen und in die Mulde geben. An einem warmen Ort etwa 20 Minuten gehen lassen.

2. Dann die restliche Buttermilch und das Salz hinzufügen und alles kräftig miteinander verkneten. Zum Schluß die Haselnüsse unterarbeiten und den Teig etwa $^{3}/_{4}$ Stunden gehen lassen.

3. Den Teig nochmals kneten und zu einem ovalen Laib formen. Eine Kastenform ausfetten, mit der Hälfte der Haselnußblättchen ausstreuen und den Laib hineinlegen.

4. Den Backofen auf 200 °C vorheizen. Die Oberfläche des Laibes mit etwas Wasser bestreichen, die restlichen Haselnußblättchen darüberstreuen und das Ganze nochmals etwa $^{1}/_{4}$ Stunde gehen lassen. Dann das Brot etwa $^{3}/_{4}$ Stunden im Ofen backen.

Scharfes Tomatenbrot

Für ca. 25 Scheiben

Zubereitungszeit: ca. 1$^1/_2$ Std.

Zeit zum Gehen: ca. 1$^3/_4$ Std.

ca. 100 kcal je Scheibe

500 g Weizenvollkornmehl
40 g frische Hefe (1 Würfel)
$^1/_2$ TL flüssiger Honig
300 ml lauwarmes Wasser
2 TL Salz
2 EL Tomatenmark
100 g eingelegte grüne Pfefferkörner
4 EL Sonnenblumenöl
Butter für das Blech
1 Eigelb
2 EL Weizenkleie
1 TL edelsüßes Paprikapulver

1. Das Weizenvollkornmehl in eine Schüssel geben und dann in die Mitte eine Vertiefung drücken. Die Hefe zusammen mit Honig und einigen Eßlöffeln Wasser verrühren, in die Mulde geben und etwa 20 Minuten an einem warmen Ort gehen lassen.

2. Restliches Wasser, Salz, Tomatenmark, Pfefferkörner und Sonnenblumenöl hinzufügen und alles gut verkneten. Den Teig an einem warmen Ort etwa $^1/_2$ Stunde gehen lassen.

3. Den Teig zu einem ovalen Laib formen, auf ein gefettetes Blech legen und an einem warmen Ort etwa $^1/_2$ Stunde gehen lassen. Die Oberfläche mit Eigelb bestreichen und mehrmals quer einschneiden.

4. Den Backofen auf 220 °C vorheizen. Die Weizenkleie mit dem Paprikapulver vermischen und auf der Teigoberfläche verteilen. Das Brot im Ofen etwa 50 Minuten backen.
(auf dem Foto oben)

Zucchinibrot

Für ca. 18 Scheiben

Zubereitungszeit: ca. 1$^3/_4$ Std.

Zeit zum Gehen: ca. 1 Std.

Zeit zum Auskühlen: ca. 4 Std.

ca. 310 kcal je Scheibe

1 kg Zucchinifruchtfleisch in Würfeln
1 kg Weizenvollkornmehl
60 g frische Hefe (1$^1/_2$ Würfel)
1 TL Salz, 100 g flüssiger Honig
150 g Butter, Butter für die Form

1. Die Zucchiniwürfel zusammen mit 2 Eßlöffeln Wasser in 10 bis 15 Minuten weich kochen, sie anschließend pürieren und abkühlen lassen. Das Weizenvollkornmehl in eine Schüssel geben. Die Hefe zerbröckeln, in dem pürierten Fruchtfleisch auflösen und zusammen mit Salz, Honig und Butter zum Mehl geben.

2. Alle Zutaten zu einem glatten, weichen Teig verkneten, der nicht mehr kleben sollte. Eventuell noch etwas Vollkornmehl hinzufügen. Den Teig zu einer Kugel formen und zugedeckt an einem warmen Ort $^1/_2$ Stunde gehen lassen.

3. Den Teig nochmals durchkneten. Eine Brotbackform ausfetten, den Teig hineinfüllen und mit einem nassen Löffel glattstreichen. Dann an einem warmen Ort nochmals 15 bis 20 Minuten gehen lassen.

4. Anschließend die Form auf der unteren Einschubleiste in den kalten Backofen schieben und das Brot bei 200 °C etwa 1 Stunde backen.

5. Das Brot in der Form kurz abkühlen lassen, es dann auf ein Kuchengitter stürzen und vor dem Anschneiden mindestens 4 Stunden auskühlen lassen.
(auf dem Foto unten)

PIKANT

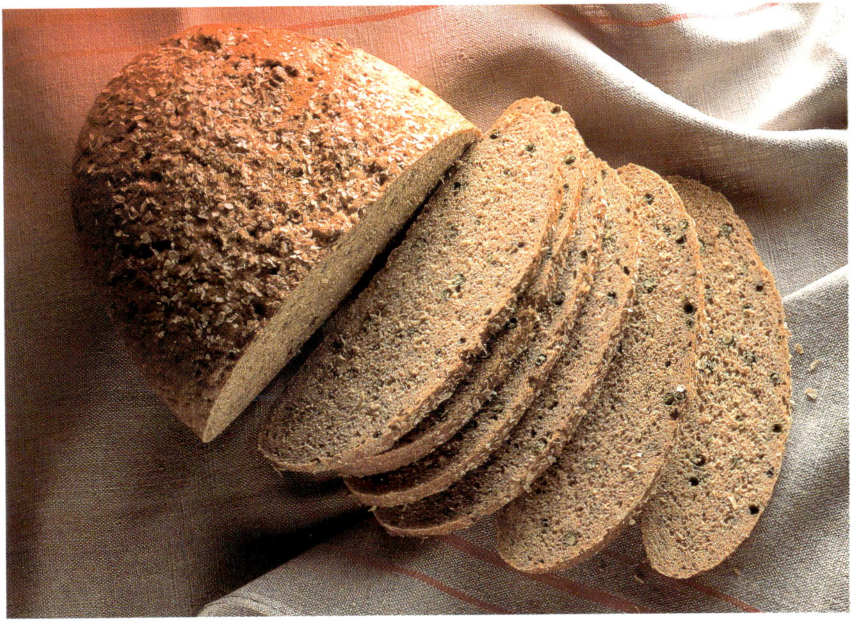

AROMATISCH

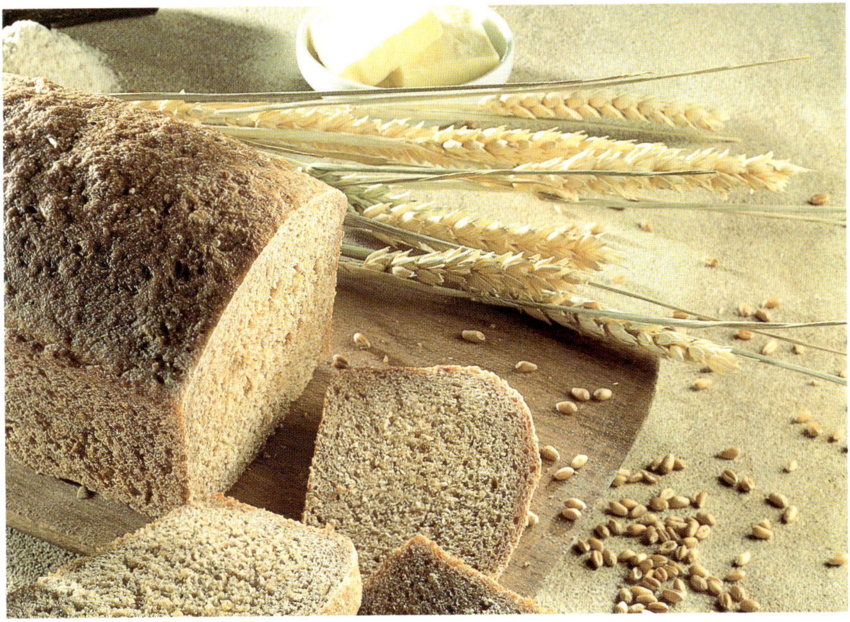

Sonnenblumenbrot

- Für ca. 25 Scheiben
- Zubereitungszeit: ca. $1^1/_2$ Std.
- Zeit zum Quellen: 12 Std.
- Zeit zum Gehen: ca. 1 Std.
- ca. 160 kcal je Scheibe

50 g Weizenkörner
800 g Roggenbackschrot Type 1800
200 g Weizenbackschrot Type 1700
1 EL Salz, 60 g frische Hefe ($1^1/_2$ Würfel)
600 ml lauwarmes Wasser
50 g zerlassene Margarine
50 g Sonnenblumenkerne
Margarine für das Blech
Milch zum Bepinseln
Sonnenblumenkerne zum Bestreuen

1. Die Weizenkörner mit heißem Wasser überbrühen und über Nacht quellen lassen.

Diese dann in ein Sieb geben und gründlich abtropfen lassen.

2. Beide Schrotarten zusammen mit Salz, zerbröckelter Hefe, Wasser und zerlassener, etwas abgekühlter Margarine zu einem glatten Teig verkneten. Zugedeckt zur doppelten Größe aufgehen lassen, dann Sonnenblumenkerne und Weizenkörner untermengen.

3. Aus dem Teig einen Brotlaib formen. Etwas Teig für die Garnierung beiseite legen. Den Laib auf ein gefettetes Backblech legen und mit Milch bepinseln. Aus dem Teigrest drei Rollen formen, einen Zopf daraus flechten und diesen auf das Brot legen. Zugedeckt aufgehen lassen. Den Backofen auf 200 °C vorheizen.

4. Das Brot nochmals mit Milch bepinseln und etwa 50 Minuten im Ofen backen. Etwa 10 Minuten vor Ende der Backzeit den Ofen öffnen und das Brot mit Sonnenblumenkernen bestreuen.

Gewürzbrot

Für ca. 18 Scheiben

Zubereitungszeit: ca. 1 Std.

Zeit zum Gehen: ca. 1 Std.

ca. 140 kcal je Scheibe

300 g Roggenmehl Type 1150
300 g Weizenbackschrot Type 1700
1 EL Salz
350 ml lauwarmes Wasser
30 g frische Hefe (ca. $^3/_4$ Würfel)
50 g zerlassene Margarine
1 EL Sesamkörner
2 EL Röstzwiebel
3 EL frische feingehackte Kräuter
(z.B. Liebstöckel, Beifuß und Petersilie)
1 Msp. gemahlener schwarzer Pfeffer
Margarine für die Form
Milch zum Bepinseln

1. Mehl und Schrot zusammen mit Salz, Wasser, zerbröckelter Hefe und zerlassener, etwas abgekühlter Margarine zu einem glatten Teig verkneten. Zugedeckt bis zur doppelten Größe aufgehen lassen und dann die übrigen Teigzutaten untermengen.

2. Gut drei Viertel des Teiges in eine ausgefettete Kastenform geben. Mit Milch bepinseln. Aus dem Teigrest 2 Rollen formen, daraus einen Zopf flechten und diesen auf den Teig legen.

3. Den Backofen auf 200 °C vorheizen. Den Teig in der Form aufgehen lassen, nochmals mit Milch bepinseln und im Ofen etwa 40 Minuten backen.

Fladenbrot mit Kokos

- Für ca. 20 Scheiben
- Zubereitungszeit: ca. $1^1/_2$ Std.
- Zeit zum Gehen: ca. $1^1/_4$ Std.
- ca. 250 kcal je Scheibe

250 g Kokosraspeln
500 g Weizenmehl Type 1050
250 g Reismehl, 4 TL Salz
40 g frische Hefe (1 Würfel)
150 g magerer Naturjoghurt
100 g Weizenmehl Type 1050
zum Kneten
Margarine für das Blech
1 verquirltes Ei
Kokosraspeln zum Bestreuen

1. Die Kokosraspeln mit $^1/_2$ Liter kochendem Wasser überbrühen und abkühlen lassen. Die Mehle in eine große Schüssel sieben, das Salz hinzufügen, die Hefe darüberbröckeln und alles gut durchmischen. Handwarme Kokosraspeln zusammen mit Joghurt dazugeben und das Ganze mit dem Knethaken des Handrührgeräts zu einem weichen Teig verkneten.

2. Die Oberfläche des Teiges glattstreichen, die Schüssel in einen großen Plastikbeutel schieben und mit einem Küchentuch bedecken. Den Teig an einem warmen Ort etwa $^1/_2$ Stunde gehen lassen. Dann die Teigoberfläche mit Weizenmehl bestreuen und den Teig auf eine bemehlte Arbeitsfläche stürzen. Zusammen mit dem restlichen Mehl $^1/_4$ Stunde lang zu einem weichen, geschmeidigen Teig verkneten.

3. Den Teig zu einem Ball formen, auf ein gefettetes Backblech setzen und mit einem Tortenring (eventuell mit dem Ring einer Springform) umlegen, um ihm eine runde Form zu geben. Mit einem Küchentuch bedecken und an einem warmen Ort $^3/_4$ Stunden gehen lassen.

4. Den Backofen auf 250 °C vorheizen. Den Fladen mit verquirltem Ei bestreichen und mit Kokosraspeln bestreuen. Den Tortenring nach oben abheben, den Fladen sofort auf die oberste Einschubleiste des Ofens schieben und etwa 50 bis 55 Minuten backen.

Tip:
Sollten die Kokosraspeln zu stark bräunen, decken Sie den Fladen während der zweiten Hälfte der Backzeit mit Alufolie ab.

Hinweis:
Der goldgelbe, herrlich duftende Fladen paßt besonders gut als orginelle Brotbeigabe zu Vorspeisen.

Sesamvollkornbrot

▨ Für ca. 20 Scheiben
▨ Zubereitungszeit: ca. 1 Std.
▨ Zeit zum Gehen: ca. $^3/_4$ Std.
▨ ca. 78 kcal je Scheibe

20 g frische Hefe ($^1/_2$ Würfel)
300 ml lauwarme Buttermilch
300 g Weizenvollkornmehl
$^1/_2$ TL Salz
75 g Sesamkörner
$^1/_2$ TL gemahlener Koriander
1 TL Margarine für die Form

1. Die Hefe in der lauwarmen Buttermilch auflösen. Mit etwas Weizenvollkornmehl bestreuen und den Ansatz an einem warmen Ort 15 bis 20 Minuten gehen lassen. Inzwischen die Sesamkörner in einer beschichteten Pfanne ohne Fettzugabe leicht bräunen. 1 Eßlöffel davon zum Bestreuen des Brotes beiseite stellen.

2. Das restliche Mehl zusammen mit Salz, Sesamkörnern, Koriander und Hefeansatz zu einem Teig verkneten. Den Teig zu einer Rolle formen und diese in eine ausgefettete, mit etwas Mehl ausgestreute Kastenform legen. Zugedeckt an einem warmen Ort zur doppelten Größe aufgehen lassen.

3. Den Backofen auf 200 °C vorheizen und ein feuerfestes, mit heißem Wasser gefülltes Gefäß auf den Boden des Ofens stellen. Das Brot mit etwas Wasser bestreichen, mit den restlichen Sesamkörnern bestreuen und auf der mittleren Einschubleiste des Ofens 30 bis 40 Minuten backen.

4. Das Brot aus der Form stürzen und auf einem Kuchengitter auskühlen lassen.
(auf dem Foto oben)

Kräuter-Kümmel-Brot

▨ Für ca. 16 Scheiben
▨ Zubereitungszeit: ca. 1$^1/_4$ Std.
▨ Zeit zum Gehen: ca. $^3/_4$ Std.
▨ ca. 140 kcal je Scheibe

250 g Weizenmehl Type 1050
250 g Roggenmehl Type 1150
20 g frische Hefe ($^1/_2$ Würfel)
1 Prise Zucker
$^1/_4$ l lauwarmes Wasser
40 g zerlassene Margarine
1 Eigelb
Salz
1 Bd. Petersilie
1 Bd. Dill
1 Bd. Basilikum
1 Zweig Majoran
$^1/_2$ TL gemahlener Kümmel
Pfeffer
Margarine für das Blech

1. Die Mehle mischen, in eine Schüssel sieben, in die Mitte eine Mulde drücken und die Hefe hineinbröckeln. Zusammen mit Zucker und einigen Eßlöffeln Wasser zu einem dicken Brei verrühren und den Vorteig etwa $^1/_4$ Stunde gehen lassen.

2. Dann restliches Wasser, Margarine, Eigelb und Salz hinzufügen und den Teig kräftig durchkneten. Zugedeckt bis zur doppelten Größe aufgehen lassen.

3. Die Kräuter waschen, trockenschleudern, kleinhacken und mit Kümmel, Salz und Pfeffer vermischen. Die Kräutermischung zum Teig geben und diesen gut durchkneten. Den Backofen auf 200 °C vorheizen. Aus dem Teig einen Brotlaib formen, diesen auf ein gefettetes Backblech legen und dann im Ofen 30 bis 40 Minuten backen.
(auf dem Foto unten)

KNUSPRIG

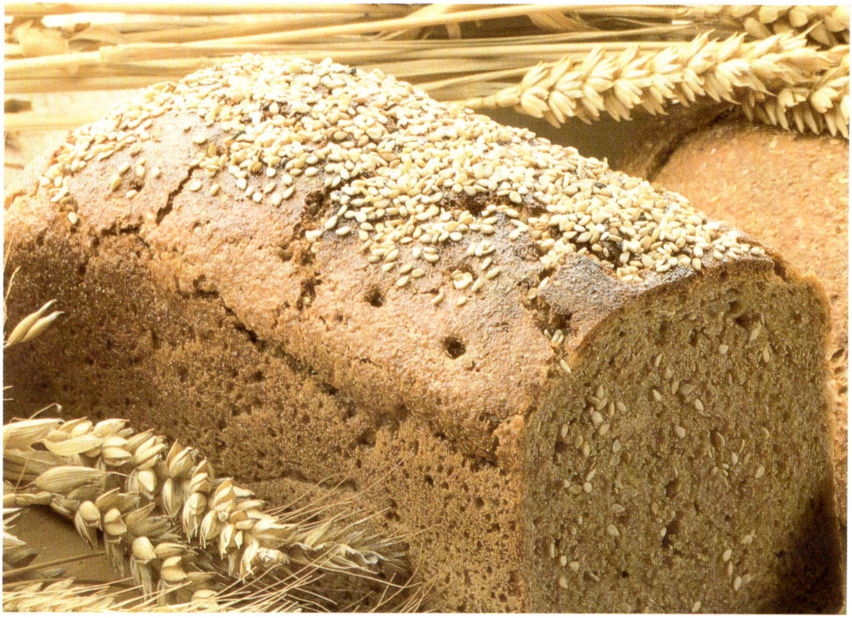

AROMATISCH

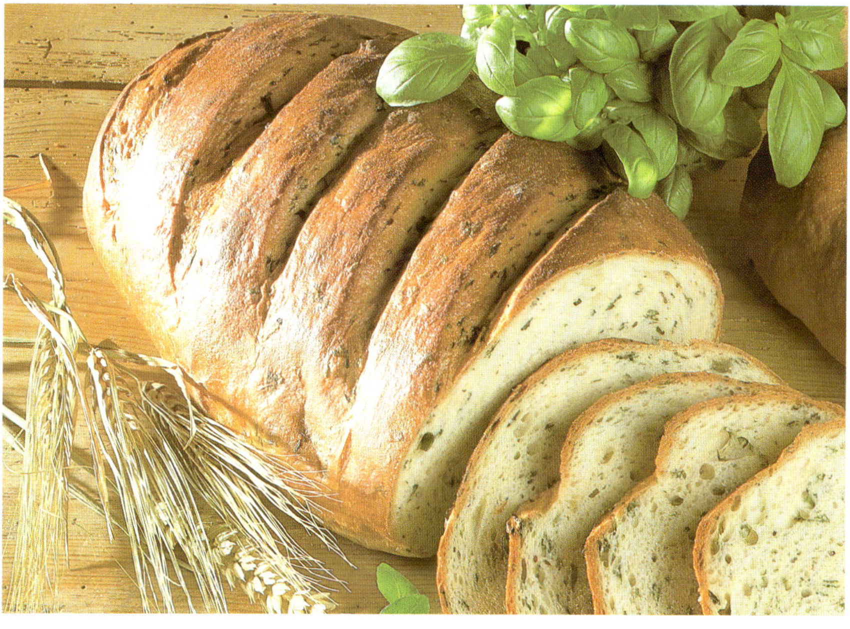

Mohnbrot

▌ Für ca. 15 Scheiben

▌ Zubereitungszeit: ca. 1$^1/_2$ Std.

▌ Zeit zum Gehen: ca. 1$^1/_4$ Std.

▌ ca. 110 kcal je Scheibe

30 g frische Hefe ($^3/_4$ Würfel)
250 ml lauwarmes Wasser
$^1/_2$ TL Zucker
200 g Weizenmehl Type 1050
150 g Weizenbackschrot Type 1700
1 EL Essig
1 TL Salz
40 g zerlassene Margarine
Mohn zum Bestreuen

1. Zerbröckelte Hefe zusammen mit Wasser und Zucker verrühren und an einem warmen Ort etwa 10 Minuten gehen lassen. Mehl und Schrot mischen und in einer großen Schüssel zusammen mit Essig, Salz, Margarine und Hefewasser zu einem sehr glatten Teig verkneten. Zugedeckt an einem warmen Ort bis zur doppelten Größe aufgehen lassen.

2. Aus dem Teig einen länglichen Laib formen, diesen auf ein Stück Backpapier legen und nochmals aufgehen lassen. Den Backofen auf 200 °C vorheizen. Den Laib mit etwas Wasser bepinseln und mit Mohn bestreuen. Die Oberfläche mit einem Messer mehrmals schräg einschneiden.

3. Das Mohnbrot etwa 1 Stunde im Ofen backen. Anschließend auf einem Kuchengitter auskühlen lassen.

Provençalisches Brot

- Für ca. 14 Scheiben
- Zubereitungszeit: ca. $1^1/_4$ Std.
- Zeit zum Gehen: ca. 1 Std.
- ca. 110 kcal je Scheibe

1 kleine Zwiebel
20 g Margarine
15 g frische Hefe ($^1/_3$ Würfel)
$^1/_2$ TL Zucker
$^1/_8$ l Buttermilch
200 g Weizenmehl Type 1050
50 g kernige Haferflocken
1 TL Salz
100 g Frischkäse mit Kräutern
der Provence
1 P. TK-Kräutermischung oder
frische feingehackte Kräuter
Milch zum Bestreichen

1. Die Zwiebel schälen, würfeln, in der Margarine glasig dünsten und abkühlen lassen. Die Hefe zusammen mit Zucker und Buttermilch verrühren. Mehl zusammen mit Haferflocken, Salz und Frischkäse in eine Schüssel geben, die Hefemilch darübergießen und alles zu einem glatten Teig verkneten. Die Zwiebelwürfel und die Kräuter unterkneten.

2. Den Teig zugedeckt an einem warmen Ort zur doppelten Größe aufgehen lassen, ihn dann wieder durchkneten. In eine mit Backpapier ausgelegte Kastenform (20 cm Länge) füllen, nochmals gehen lassen.

3. Den Backofen auf 200 °C vorheizen. Die Teigoberfläche mit Milch bestreichen und das Brot etwa $^3/_4$ Stunden im Ofen backen.

Kleiebrot

Für ca. 25 Scheiben

Zubereitungszeit: ca. $1^3/_4$ Std.

Zeit zum Gehen: ca. $1^1/_2$ Std.

ca. 120 kcal je Scheibe

400 g Roggenmehl Type 997
400 g Weizenbackschrot Type 1700
200 g Weizenkleie
4 TL Salz
70 g frische Hefe ($1^3/_4$ Würfel)
625 ml lauwarmes Wasser
1 P. gemahlenes „Brotgewürz"
(Reformhaus)
Weizenvollkornmehl zum Kneten
und Bestreuen
Margarine für das Blech

1. Mehl, Backschrot und Kleie in eine große Schüssel sieben, das Salz hinzufügen, die Hefe darüberbröckeln und alles gut miteinander vermischen. Das Wasser mit einem Löffel oder dem Handrührgerät unter das Mehlgemisch rühren, bis sich der Teig vom Schüsselrand löst.

2. Den Teig zu einem Ball formen und auf einer bemehlten Arbeitsfläche 10 bis 15 Minuten lang kräftig kneten, bis er nicht mehr klebt, fest und geschmeidig ist.

3. Den Teigball auf den mit Mehl bestreuten Boden einer Schüssel legen. Die Schüssel in einen großen Plastikbeutel schieben, mit einem Küchentuch bedecken und den Teig an einem warmen Ort $3/_4$ Stunden aufgehen lassen, bis sich sein Umfang verdoppelt hat.

4. Das Brotgewürz gründlich unterkneten, aus dem Teig einen ovalen Ball formen und diesen auf ein gefettetes Blech legen. Zugedeckt an einem warmen Ort $3/_4$ Stunden gehen lassen. Den Laib mit Mehl bestreuen und mit einem Schaschlickspieß ein Sternmuster in die Oberfläche einstechen.

5. Den Backofen auf 250 °C vorheizen. Ein feuerfestes, mit heißem Wasser gefülltes Gefäß auf den Boden des Ofens stellen. Den Laib auf der mittleren Einschubleiste 1 Stunde backen. Das fertig gebackene Brot auf einem Gitterrost auskühlen lassen.

Tip:
Durch den Kleieanteil ist dieses kräftig schmeckende Vollkornbrot ebenso gesund wie verdauungsfördernd. Mit Frischkäse und Radieschen oder mit vollreifen Tomaten und Zwiebeln bzw. Schnittlauch belegt, ist es eine wahre Delikatesse. Je nach Geschmack, kann das Brot auch mit Wurst und Gurken belegt werden.

Olivenbrot

▨ Für ca. 25 Scheiben

▨ Zubereitungszeit: ca. 2 Std.

▨ Zeit zum Gehen: ca. 2 Std.

▨ ca. 70 kcal je Scheibe

> **400 g Weizenvollkornmehl**
> **1 TL Salz**
> **20 g frische Hefe ($^1/_2$ Würfel)**
> **$^1/_4$ l warme Milch**
> **50 g schwarze Oliven**
> **50 g grüne Oliven**
> **1 EL Sonnenblumenkerne**
> **Margarine für das Blech**

1. Mehl mit Salz in einer Schüssel mischen. Die Hefe zerbröckeln und in der Milch auflösen. Die Oliven jeweils entkernen, grob hacken und zusammen mit den Sonnenblumenkernen und der angerührten Hefe zum Mehl geben.

2. Alle Zutaten zu einem geschmeidigen Teig verarbeiten. Zugedeckt an einem warmen Ort etwa $1^1/_2$ Stunden gehen lassen. Einen länglichen Laib formen und diesen auf ein gefettetes Blech setzen.

3. Die Teigoberfläche mit einem Messer überkreuz einschneiden und mit etwas Mehl bestäuben. Nochmals $^1/_2$ Stunde gehen lassen. Den Backofen auf 220 °C vorheizen.

4. Das Brot auf der untersten Schiene des Ofens $^1/_2$ Stunde lang backen. Dann den Ofen auf 180 °C herunterschalten und das Olivenbrot in weiteren 25 Minuten fertig backen.

Kräuterbrot

▪ Für ca. 12 Scheiben

▪ Zubereitungszeit: ca. 1$^1/_2$ Std.

▪ Zeit zum Gehen: ca. $^3/_4$ Std.

▪ ca. 90 kcal je Scheibe

300 g Roggenmehl Type 997
150 g Weizenmehl Type 405
25 g frische Hefe ($^1/_2$ Würfel)
375 ml lauwarme fettarme Milch
5 EL lauwarmes Wasser
$^1/_4$ TL Salz
1 TL frischer gehackter Thymian
1 TL frische gehackte Petersilie
1 TL gemahlener Kümmel
schwarzer Pfeffer aus der Mühle
Margarine für die Form

1. Die Mehle in eine Schüssel sieben und in die Mitte eine Vertiefung drücken. Die Hefe hineinbröckeln, und zusammen mit 250 ml lauwarmer Milch und etwas Mehl vom Rand zu einem Vorteig verrühren. Diesen mit Mehl bestäuben und zugedeckt an einem warmen Ort $^1/_4$ Stunde gehen lassen.

2. Wasser und Salz hinzufügen, das Ganze zu einem geschmeidigen Teig verkneten und nochmals $^1/_4$ Stunde gehen lassen. Die gehackten Kräuter und die Gewürze einarbeiten und den Teig in eine ausgefettete und bemehlte Kastenform geben. Nochmals 20 Minuten gehen lassen.

3. Den Backofen auf 250 °C vorheizen. Den Teig in den Ofen geben und etwa 10 Minuten vorbacken. Die Temperatur auf 150 °C herunterschalten und das Brot mit der restlichen Milch bestreichen. In etwa 1 Stunde fertig backen. Dann auf einem Gitterrost auskühlen lassen.

25

Baguette

- Für 4 Stangen
- Zubereitungszeit: ca. $1^1/_4$ Std.
- Zeit zum Gehen: ca. $1^1/_4$ Std.
- ca. 760 kcal je Stange

750 g Weizenmehl Type 550
3 TL Salz, 25 g frische Hefe
$^1/_2$ l lauwarmes Wasser
Mehl zum Kneten
1 verquirltes Ei zum Bestreichen
Margarine für das Blech

1. Das Mehl in eine große Schüssel sieben. Salz und Hefe darüberstreuen bzw. -bröckeln und mit dem Mehl vermischen. Das Wasser mit einem Löffel oder dem Handrührgerät unter das Mehlgemisch rühren, bis sich der Teig vom Schüsselrand löst.

2. Den Teig zu einem Ball formen und auf einer bemehlten Arbeitsfläche 10 bis 15 Minuten kräftig mit der Hand kneten, bis er geschmeidig ist und anfängt, Blasen zu werfen. Den Teigball auf den mit Mehl bestreuten Boden einer Schüssel legen, diese in einen großen Plastikbeutel schieben und zugedeckt an einem warmen Ort etwa $^3/_4$ Stunden gehen lassen.

3. Den Teig in 4 Teile zu je 300 g aufteilen. Jedes Teil für sich kräftig durchkneten. Dann 4 jeweils etwa 40 cm lange Rollen formen. Diese auf ein gefettetes Backblech legen und zugedeckt an einem warmen Ort $^1/_2$ Stunde aufgehen lassen.

4. Den Backofen auf 220 °C vorheizen und ein feuerfestes, mit heißem Wasser gefülltes Gefäß auf den Boden des Ofens stellen. Die Baguettes mit verquirltem Ei bestreichen und mit einem scharfen Messer schräg einschneiden. Auf der mittleren Einschubleiste des Ofens etwa 35 Minuten backen.

(auf dem Foto oben)

Partysonne

- Für ca. 8 Brötchen
- Zubereitungszeit: ca. 1 Std.
- Zeit zum Gehen: ca. 1 Std.
- ca. 290 kcal je Brötchen

250 g Weizenmehl Type 1700
250 g Weizenmehl Type 550
oder Type 405
30 g frische Hefe ($^3/_4$ Würfel)
200 ml lauwarmes Wasser
2 TL Zucker
50 g Margarine
1 TL Salz
2 TL Essig
Margarine für den Formboden
Mohn, Sesamsaat oder Sonnenblumen-
kerne zum Bestreuen

1. Die Mehle in eine Schüssel sieben und in die Mitte eine Vertiefung drücken. Die Hefe hineinbröckeln, zusammen mit einigen Eßlöffeln Wasser, Zucker und etwas Mehl vom Rand zu einem Vorteig verrühren. Diesen mit Mehl bestäuben und zugedeckt an einem warmen Ort etwa $^1/_4$ Stunde gehen lassen.

2. Den Vorteig zusammen mit Margarine, Salz, Essig und dem restlichen Wasser zu einem glatten Teig verkneten. Zugedeckt nochmals $^1/_2$ Stunde gehen lassen.

3. Aus dem Teig eine gleichmäßige Rolle formen. Die Rolle in 8 gleich große Stücke schneiden, diese zu Kugeln formen und dicht nebeneinander auf einen gefetteten Springformboden setzen. Nochmals gehen lassen.

4. Den Backofen auf 200 °C vorheizen. Die Teigkugeln mit Wasser bestreichen und mit Mohn, Sesamsaat oder Sonnenblumenkernen bestreuen. Die Brötchen 25 bis 30 Minuten im Ofen backen.

(auf dem Foto unten)

KROSS

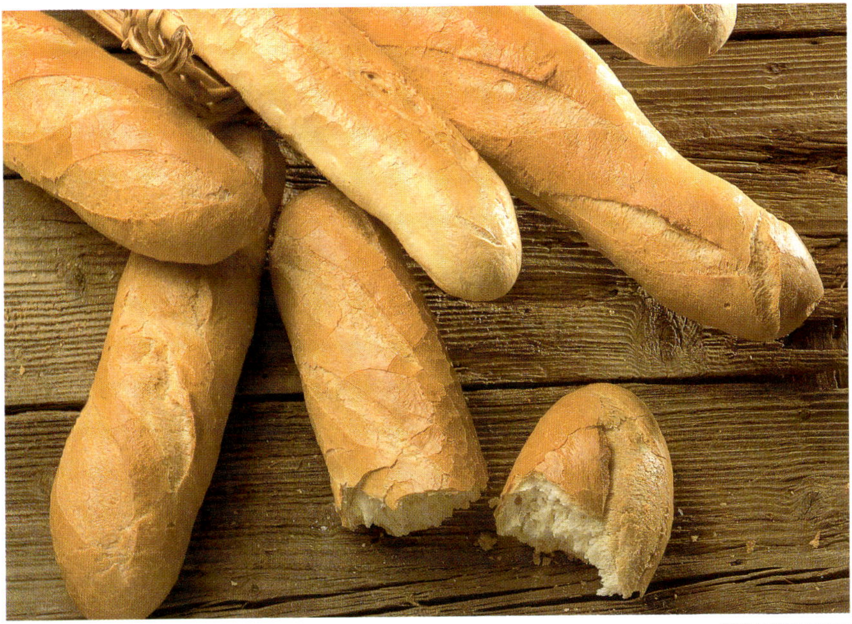

HERZHAFT

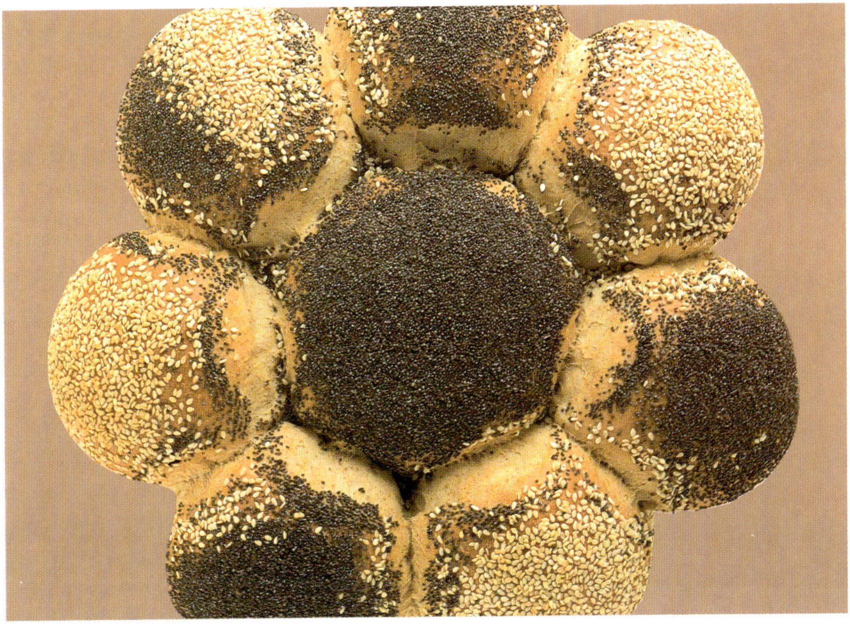

Süße Riesenschnecke

- Für ca. 16 Scheiben
- Zubereitungszeit: ca. 1$^1/_2$ Std.
- Zeit zum Gehen: ca. 1$^1/_4$ Std.
- ca. 190 kcal je Scheibe

300 g Weizenvollkornmehl
20 g frische Hefe ($^1/_2$ Würfel)
60 ml lauwarmes Wasser
90 g Zucker, 200 g Magerquark
50 g Butter, 2 Eier
$^1/_2$ TL Salz, 1 TL gemahlener Zimt
125 g ungeschwefelte Rosinen
Margarine für das Blech
1 verquirltes Eigelb zum Bestreichen
60 g Mandelstifte
$^1/_2$ TL gemahlener Zimt

1. Das Mehl in eine Schüssel sieben und in die Mitte eine Vertiefung drücken. Die Hefe zusammen mit 60 g Zucker im Wasser auflösen, in die Mulde geben und mit etwas Mehl zu einem Vorteig verrühren. Diesen mit Mehl bestäuben und zugedeckt an einem warmen Ort etwa $^1/_2$ Stunde gehen lassen.

2. Magerquark, Butter, Eier, Salz und Zimt zum Vorteig geben und alles kräftig durchkneten. Die Rosinen waschen, trockentupfen, unter den Teig arbeiten und diesen nochmals $^1/_2$ Stunde gehen lassen. Den Teig dann kurz durchkneten und zu einer etwa 50 cm langen Rolle formen. Danach den Teigstrang zu einer Schnecke aufrollen und auf ein gefettetes Blech setzen.

3. Den Backofen auf 200 °C vorheizen. Die Teigoberfläche der Schnecke mit Eigelb bestreichen. Mandelstifte, restlichen Zucker und Zimt vermischen und gleichmäßig über die Schnecke verteilen. Nochmals 10 Minuten an einem warmen Ort gehen lassen. Die Schnecke im Ofen 30 bis 35 Minuten backen.
(auf dem Foto: oben)

Tontopfbrot

- Für 2 Brote à ca. 10 Scheiben
- Zubereitungszeit: ca. 1$^1/_2$ Std.
- Zeit zum Gehen: ca. 1$^1/_4$ Std.
- ca. 210 kcal je Scheibe

40 g frische Hefe (1 Würfel)
2 TL flüssiger Honig
450 ml lauwarmes Wasser
800 g Weizenvollkornmehl
50 g Weizenkleie
2 TL Salz
120 g gehackte Pistazien
120 g ungeschwefelte getrocknete ˉ
Apfelringe in Würfeln
Butter für die Form

1. Die zerbröckelte Hefe in einer Mischung aus Honig und 100 ml Wasser auflösen und $^1/_4$ Stunde an einem warmen Ort gehen lassen. Das Weizenvollkornmehl mit Kleie und Salz mischen, den Hefevorteig und das restliche Wasser dazugeben. Das Ganze zu einem glatten Teig verkneten.

2. Die Pistazien und die Apfelwürfel unterarbeiten. Den Teig an einem warmen Ort etwa $^3/_4$ Stunden gehen lassen. Zwei Blumentöpfe aus Ton mit je 12 cm Durchmesser am Boden mit Alufolie auslegen und innen mit Fett ausstreichen. Den Teig durchkneten, halbieren, in die Töpfe geben und etwa $^1/_4$ Stunde gehen lassen.

3. Den Backofen auf 220 °C vorheizen. Die Teigoberflächen jeweils mit Wasser bestreichen und mit einem Messer sternförmig einschneiden. Dann die Brote auf der unteren Einschubleiste des Ofens etwa $^1/_2$ Stunde backen.
(auf dem Foto: unten)

Kürbiskernbrot

Für ca. 18 Scheiben

Zubereitungszeit: ca. 1³/₄ Std.

Zeit zum Quellen: 12 Std.

Zeit zum Gehen: ca. 2³/₄ Std.

ca. 190 kcal je Scheibe

250 g Roggenvollkornmehl
275 ml lauwarmes Wasser
250 g Weizenvollkornmehl
60 g grob gehackte Walnüsse
25 g frische Hefe ($^1/_2$ Würfel)
2 EL Sonnenblumenöl
2 EL flüssiger Honig, 1 TL Salz
1 TL gemahlener Koriander
1 TL gemahlener Fenchel
100 g ungeschwefelte getrocknete
Aprikosen in Würfeln
100 g Kürbiskerne
Margarine für das Blech

1. Das Roggenvollkornmehl mit 150 ml Wasser verrühren und über Nacht quellen lassen. Das Weizenvollkornmehl in eine große Schüssel geben und mit Walnüssen, Hefe, Sonnenblumenöl, Honig, restlichem Wasser, Salz und Gewürzen mischen. Alles mit dem gequollenen Roggenvollkornmehl kräftig durchkneten, bis ein fester Teig entsteht.

2. Zum Schluß Aprikosenwürfel und Kürbiskerne unterarbeiten. Den Teig an einem warmen Ort etwa 2 Stunden gehen lassen. Dann nochmals durchkneten, einen runden Laib daraus formen, auf ein gefettetes Blech setzen und nochmals $^1/_2$ Stunde gehen lassen.

3. Den Ofen auf 200 °C vorheizen. Die Teigoberfläche gleichmäßig mit lauwarmem Wasser bestreichen und mit einem Messer rautenförmig einschneiden. Das Brot 10 Minuten gehen lassen und dann etwa 1 Stunde im Ofen backen.

(auf dem Foto oben)

Haselnußbrot

Für ca. 18 Scheiben

Zubereitungszeit: ca. 1 Std.

Zeit zum Gehen: ca. ³/₄ Std.

ca. 240 kcal je Scheibe

250 g Weizenvollkornmehl
250 g Weizenbackschrot Type 1700
250 ml lauwarmes Wasser
130 g Zucker
40 g frische Hefe (1 Würfel)
2 EL Sonnenblumenöl
2 EL Haselnußmus
125 g ganze Haselnüsse
$^1/_2$ TL Salz
1 Msp. Kardamom
1 EL Kakao oder Carobe
Margarine für die Form
30 g gehackte Haselnüsse
80 g flüssige Butter

1. Mehl und Schrot in einer Schüssel mischen. In dem Wasser 100 g Zucker zusammen mit der Hefe auflösen und die Mischung zum Mehl geben. Dann Öl, Haselnußmus, Haselnüsse, Salz, Kardamom und Kakao oder Carobe hinzufügen und alles zu einem glatten Teig verkneten. An einem warmen Ort etwa 40 Minuten gehen lassen.

2. Den Backofen auf 200 °C vorheizen. Den Teig nochmals durchkneten, in eine ausgefettete Kastenform legen und die Oberfläche einmal längs durchschneiden. Das Brot im Ofen etwa 40 Minuten backen.

3. Danach in die Kerbe den restlichen Zucker, die gehackten Haselnüsse und darüber die flüssige Butter geben. Das Brot etwa weitere 10 Minuten backen.

(auf dem Foto unten)

KERNIG

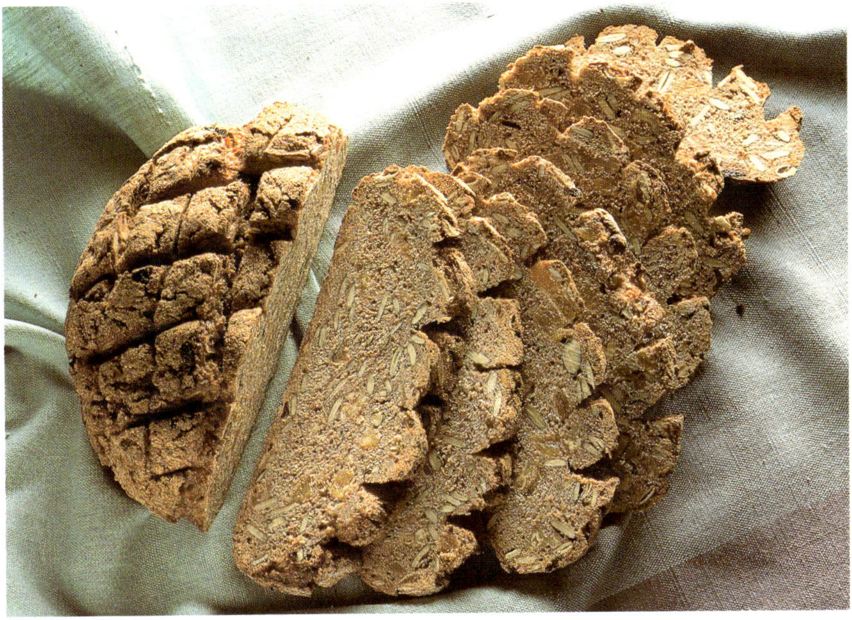

NUSSIG

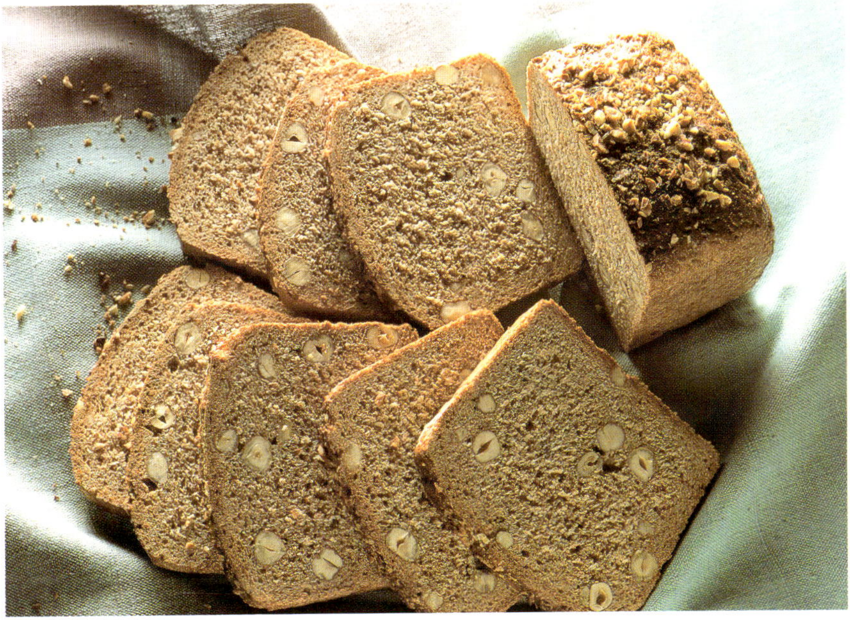

Milchstuten

Für ca. 19 Scheiben

Zubereitungszeit: ca. 1$^{1}/_4$ Std.

Zeit zum Gehen: ca. 1$^{1}/_2$ Std.

ca. 260 kcal je Scheibe

750 g Weizenmehl Type 405
1 TL Salz
50 g Zucker
40 g frische Hefe (1 Würfel)
knapp $^{1}/_4$ l lauwarme Milch
3 Eier
100 g zerlassene Butter oder Margarine
150 g Rosinen
Margarine für die Form

1. Das Mehl in eine große Schüssel sieben, das Salz daruntermischen und in die Mitte eine Mulde drücken. Den Zucker hineingeben, die Hefe darüberbröckeln, sie mit etwas Mehl vermischen und mit $^{1}/_8$ Liter Milch zu einem Brei verrühren. Die Schüssel in einen großen Plastikbeutel schieben und mit einem Küchentuch bedecken. Den Vorteig an einem warmen Ort $^{1}/_4$ Stunde gehen lassen.

2. Den Vorteig mit etwas Mehl bestreuen. Restliche lauwarme Milch, Eier und zerlassene, etwas abgekühlte Butter oder Margarine hinzufügen, alles mischen und etwa $^{1}/_4$ Stunde zu einem glatten Teig verkneten, bis er anfängt, Blasen zu werfen.

3. Den Teig zu einem Ball formen und auf den bemehlten Boden einer Schüssel legen. Die Schüssel in einen Plastikbeutel schieben und mit einem Küchentuch bedecken. Den Teig an einem warmen Ort $^{1}/_2$ Stunde gehen lassen. Dann die Rosinen darunterkneten.

4. Den Teig zu einem länglichen Laib formen und diesen in eine ausgefettete Kastenform (30 cm Länge) legen. Zugedeckt an einem warmen Ort 30 bis 40 Minuten gehen lassen. Den Backofen auf 220 °C vorheizen und ein feuerfestes, mit heißem Wasser gefülltes Gefäß hineinstellen. Die Stuten auf der mittleren Einschubleiste etwa $^{3}/_4$ Stunden backen.

5. Die Milchstuten nach dem Backen 5 Minuten in der Form setzen lassen, dann stürzen und auf einem Gitterrost auskühlen lassen.

Tip:
Besonders köstlich schmecken die Milchstuten, wenn Sie die Scheiben mit Butter bzw. Margarine und Ihrer Lieblingsmarmelade bestreichen.

SAUERTEIG-BROTE

Das Arbeiten mit Sauerteig ist auch für erfahrene Kuchenbäcker oft Neuland. Wer jedoch ein richtig kerniges Vollkornbrot selbst backen will, kommt nun einmal nicht darum herum, sich am Sauerteig zu versuchen. Sie werden dabei feststellen: Allzu schwierig ist es gar nicht.

Roggenbrot

▪ Für ca. 25 Scheiben
▪ Zubereitungszeit: ca. $1^3/_4$ Std.
▪ Zeit zum Gehen: mind. 14 Std.
▪ ca. 140 kcal je Scheibe

Für den Vorteig:
300 g Roggenmehl Type 1150
$^1/_4$ l lauwarmes Wasser
1 gehäufter TL Grundansatz aus
Backferment (siehe Seite 5)

Für den Hauptteig:
300 g Roggenmehl Type 1150
400 g Roggenbackschrot Type 1800
$^3/_8$ l warmes Wasser
4 TL Salz
1 EL Speiseöl
Mehl zum Kneten
Butter für die Form

1. Für den Vorteig das Mehl in eine große Schüssel geben. Den Grundansatz in einem kleinen Teil der angegebenen Wassermenge ganz klümpchenfrei auflösen. Das Ferment zusammen mit dem restlichen Wasser über das Mehl gießen und die Masse mit einem Handrührgerät oder einem Schneebesen gründlich durchrühren. Die Oberfläche des Teiges glattstreichen, die Schüssel in einen Plastikbeutel schieben und mit einem Küchentuch bedecken. Den Teig über Nacht bei Zimmertemperatur gären lassen.

2. Am nächsten Tag für den Hauptteig Roggenmehl, Roggenbackschrot, in etwas Wasser aufgelöstes Salz, Öl und warmes Wasser zu dem Vorteig geben. Alles so verkneten, daß ein geschmeidiger Teig entsteht.

3. Den Teig in eine Schüssel geben und diesen, mit einem Plastikbeutel und einem Küchentuch bedeckt, an einem warmen Ort mindestens 1 Stunde gehen lassen.

4. Den Teig mit Mehl bestreuen, auf eine bemehlte Arbeitsfläche stürzen und so lange tüchtig durchkneten, bis er nicht mehr klebt

und geschmeidig ist. Den Teig zu einem Laib formen und diesen in eine runde, ausgefettete Backform geben, die nur halb mit dem Laib gefüllt sein darf. Den Laib mit einem Küchentuch bedecken und an einem warmen Ort nochmals 1 Stunde gehen lassen, bis sich sein Volumen verdoppelt hat.

5. Den Backofen auf 250 °C vorheizen. Eine mit heißem Wasser gefüllte, feuerfeste Schale in den Backofen stellen. Das Brot auf der mittleren Einschubleiste etwa 10 Minuten backen, dann den Ofen auf 200 °C herunterschalten und das Brot weitere 50 Minuten backen. Falls die Oberfläche zu sehr bräunt, gegen Ende des Backvorgangs Alufolie über das Brot decken.

6. Das Brot mit warmem Wasser bestreichen, aus der Form stürzen und auf einem Gitterrost abkühlen lassen.

VOLLWERTIG

Korianderbrot

- Für ca. 25 Scheiben
- Zubereitungszeit: ca. 1$^3/_4$ Std.
- Zeit zum Gehen: mind. 14 Std.
- ca. 160 kcal je Scheibe

Vorteig:
siehe Roggenbrot (Seite 34)

Hauptteig:
450 g Roggenbackschrot Type 1800
250 g Weizenbackschrot Type 1700
100 g geschälte Hirse
50 g Sojaschrot
4 EL Koriandersamenkörner
4 TL Salz
2 TL flüssiger Honig
2 EL Speiseöl
abgeriebene Schale
einer unbehandelten Zitrone
$^3/_8$ l warmes Wasser
Butter für das Blech

1. Den Vorteig wie beim Roggenbrot (siehe Seite 34) zubereiten. Zu dem über Nacht gegärten Vorteig Roggen- und Weizenbackschrot, Hirse und Sojaschrot, 2 Eßlöffel Koriandersamenkörner, das in etwas Wasser gelöste Salz, Honig, Öl, Zitronenschalenabrieb und warmes Wasser hinzufügen.

2. Die Zutaten verkneten, so daß ein geschmeidiger Teig entsteht. Den Teig zu einem Ball formen und auf den bemehlten Boden einer Schüssel legen. Die Schüssel in einen Plastikbeutel schieben und mit einem Küchentuch bedecken. Den Teig an einem warmen Ort 1 Stunde gehen lassen.

3. Den gut gegangen und gelockerten Teig mit Mehl bestreuen und auf eine bemehlte Arbeitsfläche stürzen. Den Teig kräftig kneten bis er nicht mehr klebt und geschmeidig ist.

4. Einen runden Laib formen und diesen auf ein gefettetes Blech legen. Zugedeckt an einem warmen Ort nochmals 1 Stunde gehen lassen, bis sich der Umfang des Brotlaibs verdoppelt hat. Zwischendurch mit einem scharfen Messer ein Kreuz in die Oberfläche einschneiden. Den Laib mit warmem Wasser bestreichen und mit dem restlichen Koriander bestreuen.

5. Den Backofen auf 250 °C vorheizen und ein feuerfestes, mit heißem Wasser gefülltes Gefäß hineinstellen. Das Korianderbrot auf der mittleren Einschubleiste des Ofens etwa 65 Minuten backen. Das fertig gebackene Brot auf einem Gitterrost auskühlen lassen.

Hinweis:
Koriander können Sie im eigenen Garten oder auf dem Balkon gut kultivieren. Die dillähnlichen, einjährigen Pflanzen lieben einen besonders geschützten, sonnigen Standort. Geerntet werden die etwa pfefferkorngroßen, gelbbraunen Samenkörner.

Karottenbrot

Für ca. 25 Scheiben
Zubereitungszeit: ca. $1^3/_4$ Std.
Zeit zum Gehen: mind. 14 Std.
ca. 170 kcal je Scheibe

Vorteig:
siehe Roggenbrot (Seite 34)

Hauptteig:
300 g Roggenbackschrot Type 1800
500 g Weizenmehl Type 1050
200 g geriebene Karotten
$1/_8$ l warmes Wasser
4 TL Salz, 1 TL Zucker
$1/_2$ TL gemahlener weißer Pfeffer
2 EL Speiseöl, Margarine für das Blech

1. Den Vorteig wie beim Roggenbrot (siehe Seite 34) zubereiten.

2. Den Vorteig mit den übrigen Zutaten so verkneten, daß ein fester, geschmeidiger Teig entsteht. Den Teig in eine Schüssel geben und diese in einen großen Plastikbeutel schieben. Zugedeckt an einem warmen Ort 1 Stunde gehen lassen. Den gegangenen Teig mit Mehl bestreuen und auf eine Arbeitsfläche stürzen. Dann kräftig durchkneten, bis der Teig nicht mehr klebt und geschmeidig ist.

3. Einen runden Laib formen und auf ein gefettetes Backblech legen. Zugedeckt diesen an einem warmen Ort aufgehen lassen, bis sich sein Volumen verdoppelt hat. Den Laib mit warmem Wasser bestreichen und mit einem Schaschlikspieß Löcher hineinstechen.

4. Den Backofen auf 250 °C vorheizen. Ein feuerfestes, mit heißem Wasser gefülltes Gefäß in den Ofen stellen und das Brot auf der mittleren Einschubleiste 10 Minuten backen. Dann den Ofen auf 200 °C herunterschalten und das Brot weitere 50 Minuten backen.
(auf dem Foto oben)

Landbrot

Für ca. 25 Scheiben
Zubereitungszeit: ca. $1^1/_2$ Std.
Zeit zum Gehen: ca. 17 Std.
ca. 150 kcal je Scheibe

50 g Natursauerteig aus dem Beutel
400 ml lauwarme Buttermilch
1 kg Roggenmehl Type 1150
Salz
Kümmel nach Geschmack
Margarine für die Form

1. In den Sauerteig 200 ml Buttermilch und 100 g Mehl einrühren und diesen zugedeckt an einem warmen Ort etwa 4 Stunden gehen lassen. Dann 400 g Mehl und die restliche Buttermilch unterkneten. Den Teig in eine Schüssel geben, zudecken und über Nacht gehen lassen.

2. Den Vorteig am nächsten Tag zusammen mit dem restlichen Mehl, Salz und Kümmel zu einem festen Teig verkneten, diesen in eine ausgefettete Brotform geben und nochmals etwa 1 Stunde gehen lassen.

3. Den Backofen auf 250 °C vorheizen. Das Brot 10 Minuten backen, dann den Ofen auf 225 °C herunterschalten und das Landbrot in etwa 1 Stunde fertig backen.
(auf dem Foto unten)

Tip:
Je nach Vorliebe können Sie das Landbrot auch mit Anis oder Koriander würzen.

VOLLMUNDIG

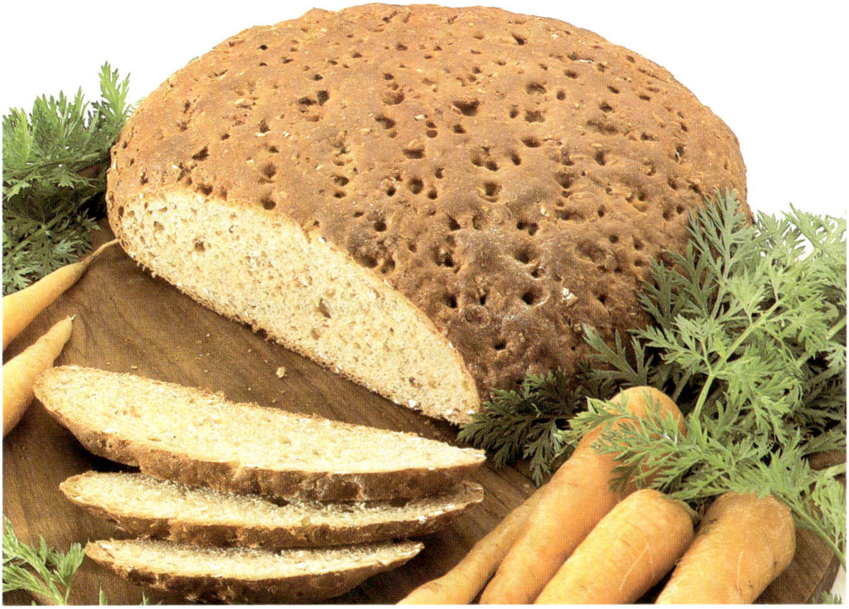

HERZHAFT

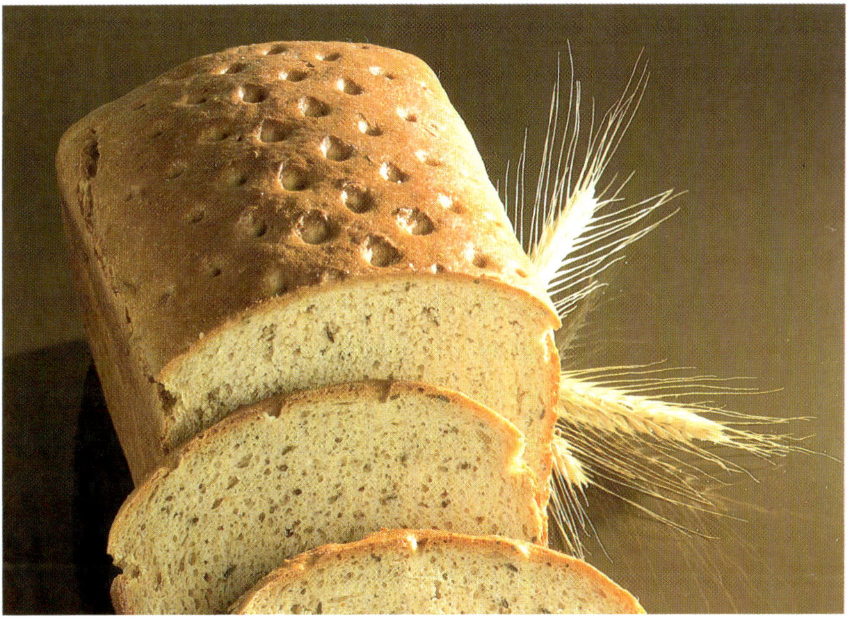

Zwiebelschnecke mit Soja

▮ Für ca. 25 Scheiben

▮ Zubereitungszeit: ca. 2 Std.

▮ Zeit zum Gehen: ca. 1$^{1}/_{4}$ Std.

▮ ca. 140 kcal je Scheibe

500 g Weizenbackschrot Type 1700
300 g Sojaschrot
40 g frische Hefe (1 Würfel)
450 ml lauwarmes Wasser
1 TL flüssiger Honig
150 g Natursauerteig aus dem Beutel
2 TL Salz
250 g Zwiebeln
(6 mittelgroße Zwiebeln)
30 g Butter
3 EL gehackte Petersilie
Margarine für das Blech

1. Weizenback- und Sojaschrot mischen und in die Mitte eine Mulde drücken. Die Hefe zusammen mit einigen Eßlöffeln Wasser und dem Honig zu einem Brei verrühren und in die Mulde geben. Den Vorteig etwa 20 Minuten gehen lassen.

2. Das restliche Wasser, den Sauerteig und das Salz hinzufügen und unterkneten. Etwa $^{1}/_{2}$ Stunde gehen lassen. Die Zwiebeln schälen, in Würfel schneiden und in der Butter glasig dünsten.

3. Die Zwiebeln zusammen mit der Petersilie in den Teig einarbeiten. Auf einer bemehlten Arbeitsfläche den Teig zu einer langen Rolle formen und auf einem gefetteten Blech zu einer Schnecke aufrollen.

4. Die Schnecke mit Wasser bestreichen und weitere 20 Minuten gehen lassen. Den Backofen auf 200 °C vorheizen. Die Schnecke etwa 1 Stunde im Ofen backen.

Ganzkornbrot

▓ Für 2 Brote à ca. 20 Scheiben

▓ Zubereitungszeit: ca. $2^3/_4$ Std.

▓ Quellzeit: ca. 12 Std.

▓ Zeit zum Gehen: ca. $2^1/_2$ Std.

▓ ca. 120 kcal je Scheibe

je 100 g Gersten-, Weizen-, Roggen-, Hirse- und Haferkörner
500 g Roggenbackschrot Type 1800
500 g Weizenbackschrot Type 1700
40 g frische Hefe (1 Würfel)
1 TL flüssiger Honig
450 ml lauwarmes Wasser
2 TL Salz
150 g Natursauerteig aus dem Beutel
2 TL Kümmel
Margarine für die Formen

1. Die Körner mit Wasser bedeckt über Nacht quellen lassen. Roggen- und Weizenbackschrot vermischen. In die Mitte eine Mulde drücken. Die Hefe zusammen mit Honig und einigen Eßlöffeln Wasser verrühren, in die Mulde geben und etwa 20 Minuten an einem warmen Ort gehen lassen

2. Restliches Wasser, Salz, Sauerteig, Kümmel und vorgequollene Körnermischung zum Vorteig geben und kräftig einarbeiten. Den Teig an einem warmen Ort 2 Stunden gehen lassen.

3. Den Backofen auf 200 °C vorheizen. Den Teig halbieren und jeweils eine Hälfte in eine ausgefettete Brotform füllen. Die Teige mit einem Messer einkerben und mit Alufolie abdecken. Die Brote in den Ofen geben und etwa $1^1/_2$ Stunden backen. Dann die Folie abnehmen und die Brote nochmals $^1/_2$ Stunde backen.

Vierkornbrot

Für ca. 25 Scheiben

Zubereitungszeit: ca. 1^3/$_4$ Std.

Zeit zum Gehen: mind. 14 Std.

ca. 160 kcal je Scheibe

Vorteig:
siehe Roggenbrot (Seite 34)

Haupteig:
300 g Weizenmehl Type 1050
200 g Gerstenmehl
200 g Haferschmelzflocken
^{1}/$_4$ l warmes Wasser
4 TL Salz
1 TL gemahlener Koriander
1 TL gemahlener Kümmel
2 EL heller Rübensirup
1 EL Speiseöl
1 TL Speisestärke
Margarine für das Blech

1. Den Vorteig wie beim Roggenbrot (siehe Seite 34) zubereiten und diesen über Nacht gären lassen.

2. Am nächsten Tag Weizen- und Gerstenmehl, Haferschmelzflocken, Wasser und Salz zum Vorteig geben. Dabei das Salz vorher in einigen Eßlöffeln Wasser auflösen. Dann Gewürze, Rübensirup, und Speiseöl hinzufügen.

3. Die Zutaten so verkneten, daß ein fester, geschmeidiger Teig entsteht. Den Teig zu einem Ball formen und auf den bemehlten Boden einer Schüssel legen. Die Schüssel in einen Plastikbeutel schieben und mit einem Küchentuch bedecken. Den Teig an einem warmen Ort 1 Stunde gehen lassen. Den gegangenen Teig mit Mehl bestreuen und auf eine bemehlte Arbeitsfläche stürzen. Dann ihn kräftig durchkneten, bis er nicht mehr klebt und geschmeidig ist.

4. Einen runden Laib daraus formen und auf ein gefettetes Backblech legen. Zugedeckt an einem warmen Ort aufgehen lassen, bis sich sein Volumen verdoppelt hat. Die Speisestärke in 1/4 Liter Wasser auflösen und beides zusammen aufkochen lassen. Dann den Laib mit der Stärkelösung bestreichen und jedes Ende mit einem scharfen Messer oder einer Schere quer einschneiden.

5. Den Backofen auf 250 °C vorheizen. Ein feuerfestes, mit heißem Wasser gefülltes Gefäß in den Ofen stellen und das Brot auf der mittleren Einschubleiste etwa 55 Minuten backen. Den fertig gebackenen Brotlaib nochmals leicht mit Stärkelösung überpinseln und auf einem Gitterrost abkühlen lassen.

Hinweis:
Rübensirup erhalten Sie in Reformhäusern, Bio- oder Naturkostläden. Er eignet sich auch hervorragend als süßer Brotaufstrich.

Zwiebelbrot

- Für ca. 16 Scheiben
- Zubereitungszeit: ca. $1^1/_4$ Std.
- Zeit zum Gehen: ca. $1^1/_2$ Std.
- ca. 100 kcal je Scheibe

> 125 g Roggenmehl Type 1150
> 250 Weizenmehl Type 1050
> 30 g frische Hefe ($^3/_4$ Würfel)
> 250 ml lauwarmes Wasser
> 75 g Natursauerteig aus dem Beutel
> 1–2 TL Salz
> je 1 Prise gemahlener schwarzer
> Pfeffer, Koriander und Kardamom
> 1 Beutel Röstzwiebeln (40 g)
> Margarine für das Blech

1. Mehlsorten in eine große Schüssel geben und in die Mitte eine Mulde drücken. Hefe zusammen mit Zucker und einigen Eßlöffeln Wasser verrühren und in die Mulde geben. Die Schüssel mit einem Tuch abdecken und den Vorteig an einem warmen Ort $^1/_4$ Stunde gehen lassen. Restliches warmes Wasser, Sauerteig, Salz und Gewürze zugeben. Alles gut vermischen.

2. Den Teig kräftig kneten, bis er geschmeidig ist und nicht mehr klebt. Die Teigkugel etwa 1 Stunde gehen lassen, bis sich ihr Volumen verdoppelt hat.

3. Die Röstzwiebeln unter den Teig kneten, einen länglichen Laib formen, diesen auf Backpapier legen und nochmals $^1/_4$ Stunde gehen lassen.

4. Den Backofen auf 225 °C vorheizen. Das Brot mit warmem Wasser bepinseln. Mit einem scharfen Messer den Laib mehrmals einschneiden, diesen auf ein gefettetes Backblech legen und im Ofen etwa 50 Minuten backen.

Gewürzlaib

▨ Für ca. 25 Scheiben

▨ Zubereitungszeit: ca. 1 1/2 Std.

▨ Zeit zum Gehen: ca. 1 1/2 Std.

▨ ca. 80 kcal je Scheibe

250 g Weizenmehl Type 1050
250 g Roggenmehl Type 1150
40 g frische Hefe (1 Würfel)
1 TL Zucker
1/4 l lauwarmes Wasser
1 EL Salz
1 EL Kümmel
1 EL gemahlener Fenchel
1 EL gemahlener Koriander
1 EL gemahlener Anissamen
100 g Natursauerteig aus dem Beutel
Margarine für das Blech

1. Die Mehlsorten in einer Schüssel mischen und in die Mitte eine Mulde drücken. Die Hefe hineinbröckeln und den Zucker darüberstreuen. Das lauwarme Wasser in die Mulde gießen und so lange rühren, bis sich die Hefe aufgelöst hat. Den Vorteig zugedeckt an einem warmen Ort so lange gehen lassen, bis er Blasen wirft.

2. Salz, Gewürze und Sauerteig zum Vorteig geben. Alles zu einem glatten Teig verkneten und diesen auf einer bemehlten Arbeitsfläche kräftig durchwalken. Eine Teigkugel formen und diese zugedeckt etwa 1 Stunde gehen lassen.

3. Den Teig kurz durchkneten, zu einem Brotlaib formen, diesen auf gefettetes Backblech legen und etwa 1/4 Stunde gehen lassen. Inzwischen den Backofen auf 200 °C aufheizen.

4. Ein feuerfestes, mit heißem Wasser gefülltes Gefäß in den Ofen stellen. Das Brot mit einem Messer dreimal diagonal einschneiden und im Ofen etwa 1 Stunde backen.

Erdnußbrot

Für ca. 18 Scheiben

Zubereitungszeit: ca. $1^3/_4$ Std.

Zeit zum Gehen: ca. 14 Std.

ca. 200 kcal je Scheibe

Vorteig:
siehe Roggenbrot (Seite 34)

Hauptteig:
100 g Roggenbackschrot Type 1800
200 g Weizenmehl Type 550
oder Type 405
$^1/_4$ l warmes Wasser
$4^1/_2$ TL Salz
200 g ungesalzene, geröstete und
grob gemahlene Erdnußkerne
2 EL Speiseöl
25 g Erdnußkerne zum Garnieren
Margarine für die Form

1. Den Vorteig wie beim Roggenbrot (siehe Seite 34) zubereiten und diesen über Nacht gären lassen. Am nächsten Tag Roggenbackschrot, Weizenmehl, Wasser, Salz, Erdnüsse und Speiseöl zum Vorteig geben. Dabei das Salz vor dem Zugeben in einigen Eßlöffeln Wasser auflösen.

2. Die Zutaten so verkneten, daß ein fester, geschmeidiger Teig entsteht. Den Teig zu einem Ball formen und auf den bemehlten Boden einer Schüssel legen. Die Schüssel in einen Plastikbeutel schieben und mit einem Küchentuch bedecken. Den Teig an einem warmen Ort 1 Stunde gehen lassen.

3. Den gegangenen Teig mit Mehl bestreuen und auf eine bemehlte Arbeitsfläche stürzen. Dann ihn kräftig durchkneten, bis er nicht mehr klebt und geschmeidig ist.

4. Einen länglichen Laib formen und ihn in eine ausgefettete Kastenform (35 cm Länge) legen. Zugedeckt an einem warmen Ort etwa 1 Stunde gehen lassen, bis sich sein Volumen verdoppelt hat. Danach die Oberfläche des Laibes leicht mit warmem Wasser bestreichen. Mit einem scharfen Messer oder einer Schere ein Gittermuster etwa 1 cm tief einschneiden. Die Erdnußkerne als Verzierung in den Teig hineindrücken.

5. Den Backofen auf 250 °C vorheizen. Ein feuerfestes, mit heißem Wasser gefülltes Gefäß in den Ofen stellen und das Brot auf der mittleren Einschubleiste 1 Stunde backen.

6. Das Erdnußbrot in der Backform noch etwa 5 Minuten auskühlen lassen, es dann auf ein Gitterrost stürzen und mit dem Boden nach unten auskühlen lassen.

BRÖTCHEN

Wer wünscht sich nicht am Sonntagmorgen knackige und ofenfrische Brötchen? Gar kein Problem! Backen Sie Ihre Brötchen einfach selbst; es ist gar nicht schwer. Nicht nur zum Frühstück, sondern auch zu allen anderen Mahlzeiten sind selbstgebackene Brötchen eine köstliche Ergänzung.

Semmeln

- Für ca. 16 Brötchen
- Zubereitungszeit: ca. 1 Std.
- Zeit zum Gehen: ca. 1 Std.
- ca. 170 kcal je Brötchen

Für den Teig:
500 g Weizenmehl Type 405
1 TL Salz
20 g frische Hefe ($^1/_2$ Würfel)
1 Ei
$^1/_4$ l handwarme Milch

Zum Bestreichen:
1 verquirltes Ei

Zum Bestreuen:
je nach Wunsch Mohn, Leinsamenschrot oder Sesamschrot

Außerdem:
Öl für das Blech

1. Das Mehl in eine große Schüssel sieben. Salz hinzufügen, Hefe darüberbröckeln und beides mit dem Mehl vermischen. Das Ei hinzufügen, die Milch angießen und alles gründlich miteinander verrühren bis sich der Teig vom Schüsselrand löst.

2. Den Teig zu einem Ball formen, aus der Schüssel nehmen und auf einer bemehlten Arbeitsfläche mit den Händen etwa 10 Minuten kräftig durchkneten, bis er nicht mehr klebt und geschmeidig ist. Der Teig darf nicht zu weich sein, damit die Brötchen nicht auseinanderlaufen.

3. Den Teigball auf den mit Mehl bestreuten Boden einer Schüssel legen, diese in einen großen Plastikbeutel schieben und mit einem Küchentuch bedecken. Bei Zimmertemperatur den Teig etwa $^3/_4$ Stunden aufgehen lassen, bis sich der Umfang verdoppelt hat.

4. Den Teig durchkneten und in etwa 16, jeweils 50 g schwere Teigstückchen teilen. Jedes Teigstückchen nochmals durchkneten und mit bemehlten Händen ein rundes Brötchen daraus formen. Die Brötchen mit jeweils 5 cm Abstand auf ein gefettetes Backblech legen, mit einem Tuch bedecken und an einem warmen Ort nochmals 20 Minuten gehen lassen, bis sich ihr Umfang verdoppelt hat.

5. Den Backofen auf 250 °C vorheizen. Die Brötchen mit verquirltem Ei bestreichen, mit einem scharfen Messer oder einer Schere beliebig einschneiden und mit Mohn, Leinsamen- oder Sesamschrot bestreuen. Eine mit heißem Wasser gefüllte, feuerfeste Schale in den Backofen stellen. Die Brötchen auf der mittleren Einschubleiste des Ofens 20 Minuten backen. Die Semmeln vor dem Verzehr auf einem Gitterrost auskühlen lassen.

KROSS

Joghurtbrötchen

- Für ca. 24 Brötchen
- Zubereitungszeit: ca. 1$^1/_4$ Std.
- Zeit zum Gehen: ca. 1$^1/_4$ Std.
- ca. 190 kcal je Brötchen

1 kg Dinkelvollkornmehl
$^1/_2$ TL Salz
2 Becher zimmerwarmer
Vollmilchjoghurt (300 g)
50 g weiche Butter
40 g frische Hefe (1 Würfel)
200–250 ml lauwarme Milch
Butter für das Blech

1. Dinkelmehl und Salz in einer Schüssel vermischen, Joghurt und Butter hinzufügen. Die Hefe zerbröckeln, in der lauwarmen Milch auflösen und die Mischung dazugießen. Alle Zutaten in etwa 10 Minuten zu einem glatten, weichen Teig verkneten, der nicht mehr klebt und der sich vom Schüsselrand löst.

2. Den Teig zu einer Kugel formen und zugedeckt an einem warmen Ort etwa 1 Stunde gehen lassen, bis sich sein Volumen verdoppelt hat. Dann den gegangenen Teig noch einmal kurz durchkneten.

3. Aus dem Teig 20 bis 24 Brötchen formen, diese auf ein gefettetes Backblech setzen und an einem warmen Ort nochmals 10 Minuten gehen lassen.

4. Das Blech auf der mittleren Einschubleiste in den kalten Backofen schieben und die Brötchen bei 200 °C etwa 35 Minuten backen.

Sesambrezeln

⬜ Für ca. 6 Brezeln

⬜ Zubereitungszeit: ca. $^3/_4$ Std.

⬜ Zeit zum Gehen: ca. 1$^1/_4$ Std.

⬜ ca. 270 kcal je Brezel

15 g frische Hefe
4 EL lauwarme Milch
250 g Weizenmehl Type 405
40 g Margarine
1 Ei
$^1/_2$ TL Salz
1 TL Zucker
1 verquirltes Eigelb
zum Bestreichen
geschälte Sesamsaat
zum Bestreuen

1. Die Hefe in der Milch verrühren. Mehl zusammen mit Margarine, Ei, Salz und Zucker in eine Schüssel geben, die Hefemilch hinzufügen und alles zu einem glatten Teig verarbeiten.

2. Den Teig mit Alufolie abdecken und an einem warmen Ort etwa 1 Stunde gehen lassen. Dann nochmals durchkneten, eine Rolle aus dem Teig formen und diese dann in 6 Teile schneiden. Aus den einzelnen Teilen zuerst jeweils eine Rolle, und dann jeweils eine Brezel formen.

3. Die Brezeln auf ein mit Backpapier belegtes Blech setzen und nochmals $^1/_4$ Stunde gehen lassen. Inzwischen den Backofen auf 225 °C vorheizen. Die gegangenen Brezeln mit Eigelb bestreichen, mit Sesamkörnern bestreuen und im Ofen etwa $^1/_4$ Stunde backen.

Sesamstangen mit Rosinen

- Für ca. 30 Stangen
- Zubereitungszeit: ca. $1^1/_2$ Std.
- Zeit zum Gehen: ca. $^3/_4$ Std.
- ca. 125 kcal je Stange

500 g Weizenvollkornmehl
250 g Hafervollkornmehl
2 TL Salz
1 TL gemahlener Anissamen
40 g frische Hefe (1 Würfel)
1 TL Zucker
500 ml lauwarmes Wasser
60 g Pinienkerne
100 g ungeschwefelte Rosinen
je 50 g Sesamkörner und kernige
Haferflocken zum Bestreuen
Margarine für das Blech

1. Mehle, Salz und Anis mischen. Hefe zerbröckeln, zusammen mit dem Zucker im Wasser auflösen und zum Mehlgemisch geben. Alles gründlich durchkneten und $^1/_2$ Stunde an einem warmen Ort gehen lassen.

2. Die Pinienkerne in einer beschichteten Pfanne ohne Fettzugabe rösten und zusammen mit den Rosinen unter den Teig kneten. Den Teig in 30 gleich große Stücke teilen und diese mit den Händen jeweils zu Kugeln formen.

3. Die Kugeln auf einer bemehlten Arbeitsfläche zu etwa 15 cm langen Stangen rollen und diese an einem warmen Ort $^1/_4$ Stunde gehen lassen. Sesamkörner und Haferflocken gut mischen.

4. Die Teigstangen auf der Oberseite mit Wasser bestreichen, in die Sesam-Haferflocken-Mischung drücken und auf ein gefettetes Backblech legen. In den kalten Ofen schieben und etwa 20 Minuten bei 200 °C backen.

(auf dem Foto oben)

Zwiebelwickel

- Für ca. 15 Stück
- Zubereitungszeit: ca. $1^1/_4$ Std.
- Zeit zum Gehen: ca. $1^1/_4$ Std.
- ca. 160 kcal je Stück

1 Grundrezept Hefeteig
(siehe Rezept „Scharfes Tomatenbrot"
Seite 12)
400 g Zwiebeln
etwas Butter
schwarzer Pfeffer aus der Mühle
1 verquirltes Eigelb zum Bestreichen
Margarine für das Blech

1. Einen Hefeteig (ohne Tomatenmark und Pfeffer), wie auf Seite 12 beschrieben, zubereiten. Die Zwiebeln schälen, würfeln und in einer Pfanne in etwas Butter andünsten. Diese auf Küchenkrepp geben und etwas abkühlen lassen.

2. Den Hefeteig in 15 gleich große Stücke teilen. Jedes Stück auf einer bemehlten Arbeitsfläche zu einem schmalen Rechteck (etwa 6 x 20 cm) ausrollen. Auf die Rechtecke jeweils die gedünsteten Zwiebeln verteilen, sie etwas andrücken und mit Pfeffer würzen.

3. Die Rechtecke von der schmalen Seite her aufrollen und die Enden mit verquirltem Eigelb bestreichen. Die Wickel auf ein gefettetes Backblech setzen, leicht flachdrücken und etwa $^1/_4$ Stunde gehen lassen.

4. Den Backofen auf 220 °C vorheizen. Die Wickel in den Ofen schieben und etwa 25 Minuten backen.

(auf dem Foto unten)

KERNIG

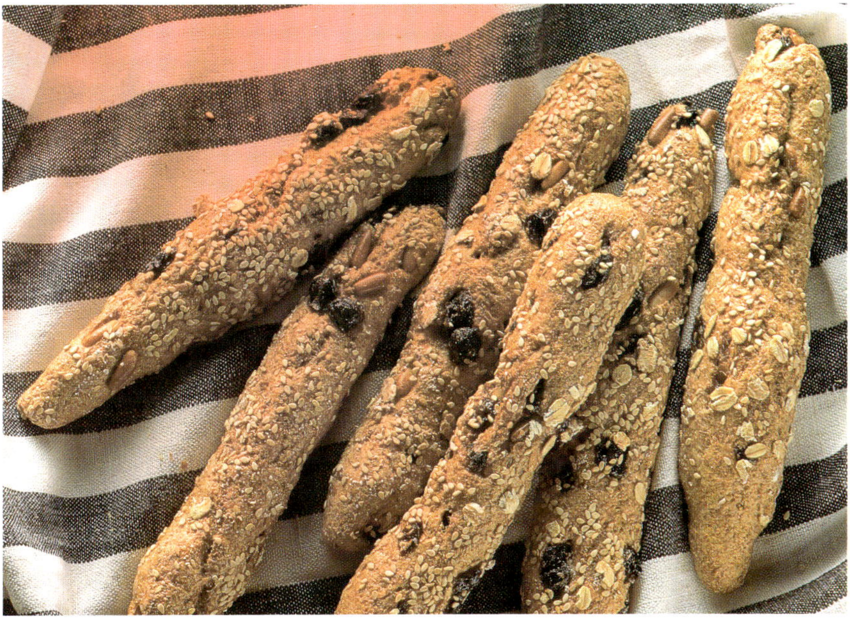

WÜRZIG

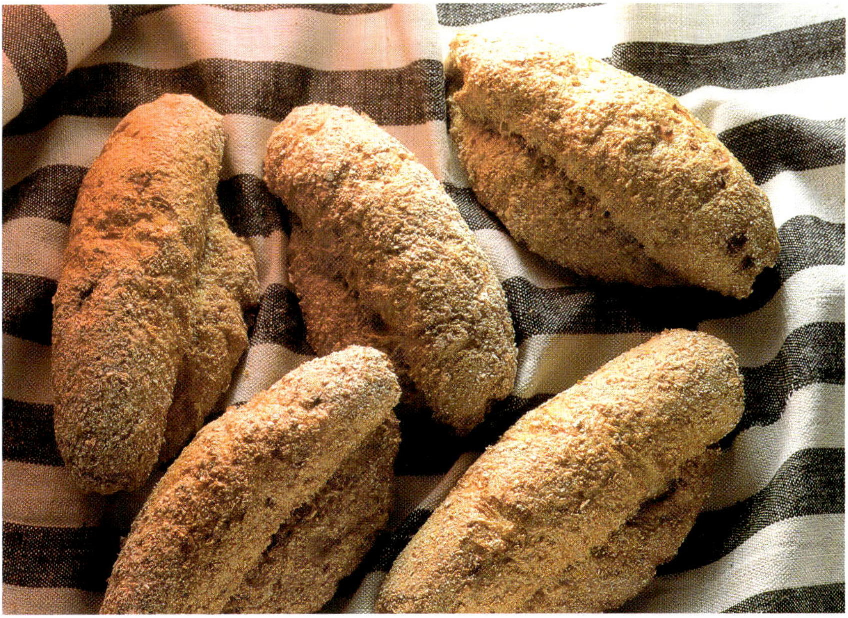

Walnußbrötchen

Für ca. 15 Brötchen
Zubereitungszeit: ca. $1^1/_4$ Std.
Zeit zum Gehen: ca. $1^1/_2$ Std.
ca. 120 kcal je Brötchen

200 g Weizenvollkornmehl
75 g Roggenbackschrot Type 1800
75 g Hafervollkornmehl
20 g frische Hefe ($^1/_2$ Würfel)
125 ml lauwarme Buttermilch
1 TL Salz
125 ml kohlesäurehaltiges
Mineralwasser
100 g Walnußkerne
Margarine für das Blech

1. Weizenvollkornmehl und Roggenback-schrot in einer Schüssel mischen und in die Mitte eine Mulde drücken. Hefe hinein-bröckeln, mit Buttermilch und etwas Mehl verrühren und $^1/_4$ Stunde gehen lassen.

2. Den Vorteig mit restlichem Mehl, Salz und Mineralwasser verrühren. Den Teig 10 Minu-ten kneten. An einem warmen Ort 1 Stunde gehen lassen.

3. Die Walnüsse grob hacken und unter den Teig kneten. Den Teig in 15 gleich große Stücke teilen, diese zu Brötchen formen und auf ein gefettetes Blech setzen. $^1/_4$ Stunde gehen lassen.

4. Den Backofen auf 250 °C vorheizen. Die Brötchen mit Wasser bestreichen und einmal tief einschneiden. Im Ofen etwa 10 Minuten backen. Dann den Ofen auf 200 °C herunter-schalten und die Brötchen nochmals $^1/_4$ Stun-de backen.
(auf dem Foto: links)

Käsebrötchen

Für ca. 15 Brötchen
Zubereitungszeit: ca. $1^1/_4$ Std.
Zeit zum Gehen: ca. 1 Std.
ca. 155 kcal je Brötchen

400 g Weizenbackschrot Type 1700
100 g Roggenbackschrot Type 1800
40 g frische Hefe (1 Würfel)
250 ml lauwarmes Wasser
125 g Magerquark
2 TL Salz
100 g geriebener Käse
2 Eigelb
1 Prise edelsüßes Paprikapulver
50 g Weizenvollkornschrot zum Wälzen
Margarine für das Blech

1. Weizen- und Roggenbackschrot in einer Schüssel mischen und in die Mitte eine Mulde drücken. Die Hefe mit einigen Eßlöffeln Was-ser verrühren, in die Mulde geben und etwa $^1/_4$ Stunde gehen lassen.

2. Das restliche Wasser, den Quark und das Salz hinzufügen und alles gut verkneten. Den Teig $^1/_2$ Stunde gehen lassen. Den Käse mit Eigelben und Paprikapulver mischen.

3. Aus dem gegangenen Teig 15 runde Bröt-chen formen. Jeden Teigkloß flachdrücken, in der Mitte auseinanderziehen, dann etwas Kä-semasse hineinfüllen. Den Brötchenrand je-weils mit Wasser bestreichen. Mit der Unterseite in Schrot wälzen, auf ein gefettetes Blech setzen und 20 Minuten gehen lassen.

4. Den Backofen auf 220 °C vorheizen. Das Blech in den Ofen schieben und die Brötchen etwa 20 Minuten backen.
(auf dem Foto: rechts)

Minibrioches

▨ Für ca. 15 Stück

▨ Zubereitungszeit: ca. 1$^1/_4$ Std.

▨ Zeit zum Gehen: ca. $^1/_2$ Std.

▨ ca. 160 kcal je Stück

250 g Weizenmehl Type 405
20 g frische Hefe ($^1/_2$ Würfel)
1 EL Zucker
4 EL lauwarme Milch
120 g zerlassene Butter
2 Eier
1 Prise Salz
50 g gehackte Pistazien
Butter für die Formen
1 verquirltes Eigelb
zum Bestreichen

1. Das Mehl in eine Schüssel sieben und in die Mitte eine Mulde drücken. Die Hefe zusammen mit dem Zucker in der Milch auflösen, in die Mulde gießen und zugedeckt an einem warmen Ort 20 Minuten gehen lassen.

2. Butter, Eier, Salz und Pistazien dazugeben und alles zuerst mit dem Handrührgerät, dann mit den Händen zu einem glatten Teig kneten.

3. Die Briocheförmchen ausfetten. Aus dem Teig etwa 15 tischtennisballgroße Kugeln formen und sie in die Förmchen setzen. Aus dem restlichen Teig haselnußgroße Kugeln bilden und daraufsetzen.

4. Die Brioches mit verquirltem Eigelb bestreichen und $^1/_4$ Stunde gehen lassen. Den Backofen inzwischen auf 220 °C vorheizen. Die Brioches auf der mittleren Einschubleiste des Ofens etwa 20 Minuten backen.

Rosinenbrötchen

Für ca. 10 Brötchen

Zubereitungszeit: ca. $^3/_4$ Std.

Zeit zum Gehen: ca. $1^1/_4$ Std.

ca. 230 kcal je Brötchen

250 g Weizenmehl Type 405
20 g frische Hefe ($^1/_2$ Würfel)
30 g Zucker
1 Prise Salz
$^1/_8$ l lauwarme Milch
60 g Margarine
250 g Rosinen

1. Das Mehl in eine Schüssel sieben und in die Mitte eine Mulde drücken. Die Hefe zusammen mit dem Zucker und dem Salz in der Milch auflösen, in die Mulde gießen und mit etwas Mehl verrühren.

2. Die Margarine hinzufügen und das Ganze zu einem glatten, geschmeidigen Teig kneten. Zuletzt die Rosinen unterkneten und den Teig zugedeckt an einem warmen Ort 20 Minuten gehen lassen.

3. Aus dem Teig 10 gleich große Kugeln formen und diese auf ein mit Backpapier belegtes Blech legen. Die Teigkugeln $^1/_4$ Stunde gehen lassen.

4. Inzwischen den Backofen auf 200 °C vorheizen. Die Rosinenbrötchen im Ofen 15 bis 20 Minuten backen.

Haferflockenbrötchen

- Für ca. 20 Brötchen
- Zubereitungszeit: ca. $^3/_4$ Std.
- Zeit zum Gehen: ca. $^3/_4$ Std.
- ca. 120 kcal je Brötchen

300 g Weizenvollkornmehl
200 g Roggenmehl Type 997
40 g frische Hefe (1 Würfel)
1 TL Fruchtzucker
400 ml lauwarmes Wasser
2 EL kalt gepreßtes Sonnenblumenöl
$^1/_4$ TL Salz
4 EL Haferflocken zum Bestreuen
2 EL Margarine für das Blech

1. Die Mehle in eine Schüssel sieben und in die Mitte eine Mulde drücken. Die Hefe hineinbröckeln und zusammen mit Zucker, einigen Eßlöffeln Wasser und Mehl vom Rand verrühren. Etwas Mehl darüberstäuben und zugedeckt an einem warmen Ort $^1/_4$ Stunde gehen lassen.

2. Öl, Salz und soviel Wasser unterkneten, damit ein geschmeidiger Teig entsteht. Diesen etwa 10 Minuten gut kneten und zugedeckt etwa $^1/_4$ Stunde gehen lassen. Dann den Teig in etwa 20 gleich große Stücke teilen, diese mit bemehlten Händen zu Kugeln formen und jeweils oben mit einem Kreuzschnitt versehen.

3. Die Brötchen mit Wasser bestreichen, mit Haferflocken bestreuen und auf ein gefettetes Blech setzen. Nochmals etwa 10 Minuten gehen lassen.

4. Den Backofen auf 220 °C vorheizen. Die Brötchen im Ofen 15 bis 20 Minuten backen.
(auf dem Foto oben)

Vollkornbrötchen

- Für ca. 20 Brötchen
- Zubereitungszeit: ca. 1 $^1/_2$ Std.
- Zeit zum Gehen: ca. 1 Std.
- ca. 100 kcal je Brötchen

30 g frische Hefe ($^3/_4$ Würfel)
400 ml lauwarmes Wasser
600 g Weizenvollkornmehl
$^1/_2$ TL Salz
Kümmel, Sesamsaat und Mohn
zum Bestreuen

1. Die Hefe im lauwarmen Wasser auflösen. Mehl und Salz in einer Schüssel mischen, die Hefelösung dazugeben und das Ganze zu einem Teig verkneten. Den Teig etwa 5 Minuten kneten, dann zugedeckt an einem warmen Ort bis zur doppelten Größe aufgehen lassen.

2. Den Teig nochmals durchkneten und zu einer Rolle formen. Die Teigrolle in 20 Stücke teilen und diese jeweils zu runden oder eckigen Brötchen formen.

3. Die Brötchen auf ein mit Backpapier belegtes Blech setzen und zugedeckt an einem warmen Ort bis zur doppelten Größe aufgehen lassen. Inzwischen den Backofen auf 200 °C vorheizen. Ein feuerfestes, mit heißem Wasser gefülltes Gefäß in den Ofen stellen.

4. Die Brötchen mit warmem Wasser bestreichen und mit Kümmel, Sesamsaat und Mohn bestreuen. Auf der mittleren Einschubleiste des Ofens etwa $^1/_2$ Stunde backen.
(auf dem Foto unten)

KERNIG

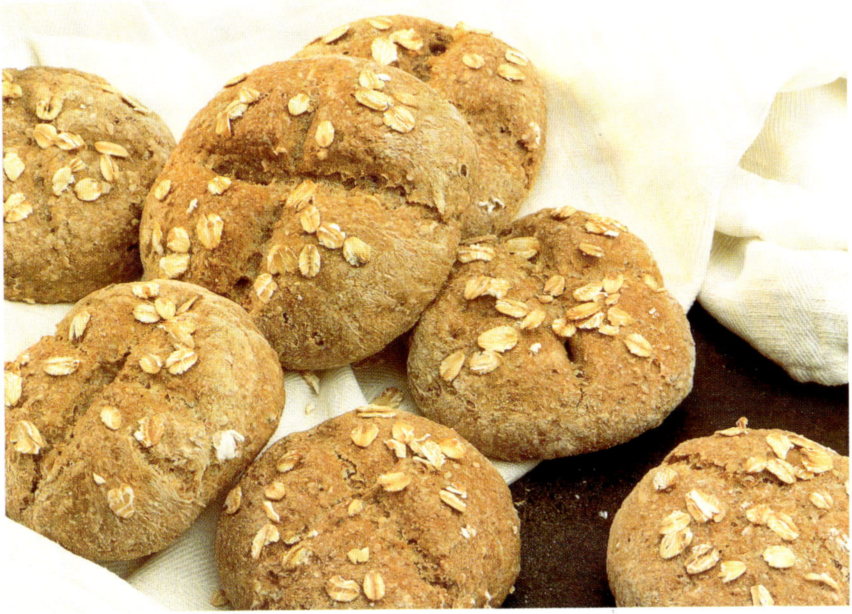

VOLLWERTIG

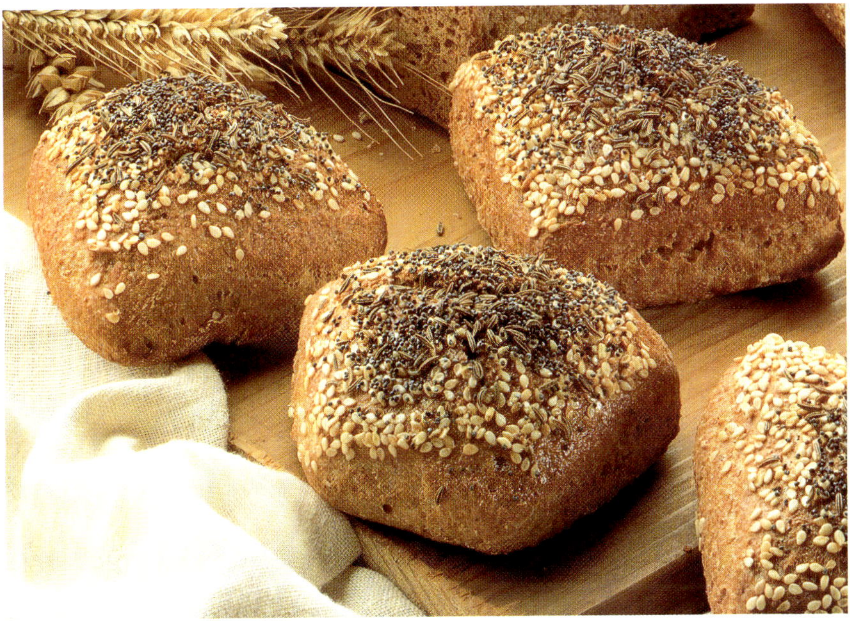

Weizenschrot-Koriander-Brötchen

- Für ca. 12 Brötchen
- Zubereitungszeit: ca. $1^1/_2$ Std.
- Quellzeit: ca. 12 Std.
- Zeit zum Gehen: ca. $1^1/_4$ Std.
- ca. 145 kcal je Brötchen

150 g Weizenschrot
150 g Weizenvollkornmehl
1 TL Salz
50 g grob gehackte Walnüsse
1 TL gemahlener Koriander
15 g frische Hefe
125 ml lauwarmes Wasser

1. Weizenschrot über Nacht in Wasser quellen und am nächsten Tag abtropfen lassen.

2. Mehl sowie Weizenschrot mischen. Salz, Walnüsse und Koriander hinzufügen. Die Hefe im Wasser auflösen und die Mischung unter den Teig kneten.

3. Den Teig zugedeckt an einem warmen Ort etwa 1 Stunde gehen lassen. Dann aus dem Teig 12 gleich große Brötchen formen, diese auf ein mit Backpapier belegtes Blech setzen und weitere 20 Minuten gehen lassen.

4. Den Backofen auf 220 °C vorheizen. Die Brötchen auf der mittleren Einschubleiste des Ofens etwa 25 Minuten backen.
(auf dem Foto: oben)

Schichtkäse-Mohn-Semmeln

- Für ca. 12 Stück
- Zubereitungszeit: ca. $1^1/_4$ Std.
- Zeit zum Gehen: ca. $^3/_4$ Std.
- ca. 215 kcal je Stück

500 g Weizenvollkornmehl
1 Prise Salz
40 g frische Hefe (1 Würfel)
2 TL kalt geschleuderter Blütenhonig
125 ml lauwarme Milch
50 g weiche Butter
250 g abgetropfter Schichtkäse
1 Eigelb
2 TL Milch
3 TL Mohn

1. Mehl und Salz in einer Schüssel mischen. Hefe und Honig in der Milch auflösen und zusammen mit der Butter zum Mehl geben. Die Zutaten gut miteinander verkneten.

2. Den Schichtkäse unter den Teig arbeiten und diesen zugedeckt an einem warmen Ort $^1/_2$ Stunde gehen lassen. Dann aus dem Teig 12 Kugeln formen, diese etwas flachdrücken und überkreuz einschneiden.

3. Die Brötchen auf ein mit Backpapier belegtes Blech setzen, zudecken und weitere 20 Minuten gehen lassen. Den Backofen auf 200 °C aufheizen.

4. Eigelb mit 2 Teelöffeln Milch verquirlen, die Brötchen damit bestreichen, sie dann mit Mohn bestreuen und im Ofen etwa 25 Minuten backen.
(auf dem Foto: unten)

Fladenbrötchen

- Für ca. 12 Stück
- Zubereitungszeit: ca. $^3/_4$ Std.
- Zeit zum Gehen: ca. $1^1/_2$ Std.
- ca. 260 kcal je Stück

800 g Weizenmehl Type 405
40 g frische Hefe (1 Würfel)
400 ml warmes Wasser
2 TL Salz
2 EL Olivenöl
2 TL Zucker
3 EL Sesamsamen zum Bestreuen

1. Das Mehl in eine Schüssel sieben und in die Mitte eine Mulde drücken. Dann die Hefe in 50 ml Wasser verrühren und in die Mulde gießen. Etwas Mehl darüberstäuben und zugedeckt an einem warmen Ort $^1/_4$ Stunde gehen lassen.

2. Restliches warmes Wasser, Salz, Olivenöl und Zucker zum Vorteig geben. Alles zu einem glatten Teig verkneten und diesen zugedeckt etwa 1 Stunde an einem warmen Ort gehen lassen.

3. Den Teig nochmals gut durchkneten, dann in 12 Portionen teilen und diese jeweils zu etwa $^1/_2$ cm dicken Fladen ausrollen. Diese auf ein mit Backpapier belegtes Blech setzen, leicht mit Wasser bestreichen und mit Sesamsamen bestreuen.

4. Den Backofen auf 250 °C vorheizen. Die Fladen $^1/_4$ Stunde gehen lassen und dann im Ofen etwa 10 Minuten backen.

Unser Tip

Hrsg.: S. von Küster
ISBN: 3-8068-**1851**-7

Hrsg.: S. von Küster
ISBN: 3-8068-**1852**-5

Hrsg.: M. Sauerborn
ISBN: 3-8068-**1950**-5

Von S. Carlsson
ISBN: 3-8068-**1952**-1

Hrsg.: E. Meyer zu Stieghorst
ISBN: 3-8068-**1948**-3

Hrsg.: E. Fuhrmann
ISBN: 3-8068-**1951**-3

Alle Bände durchgehend vierfarbig,
64 Seiten, ca. 50 Farbfotos, kartoniert.
DM 9,90

Der Spezialist für nützliche Bücher

Stand der Preise 1.6.1997 · Änderungen vorbehalten

Rezeptverzeichnis

Dieses Buch gehört zu einer Kochbuchreihe, die die beliebtesten Themen aus dem Bereich Essen und Trinken aufgreift. Fragen Sie Ihren Buchhändler.

Dieses Buch wurde auf chlorfrei gebleichtem und säurefreiem Papier gedruckt.

Bei diesem Buch handelt es sich um eine überarbeitete Ausgabe des bereits unter dem Titel „Brot backen" (1496) erschienenen Buches.

Die Deutsche Bibliothek – CIP-Einheitsaufnahme

Brot backen / Sabine Kieslich (Hrsg.). – Niedernhausen/Ts. : FALKEN, 1997
(Einfach gut)
ISBN 3-8068-1949-1

ISBN 3 8068 1949 1

Umschlaggestaltung: Peter Udo Pinzer
Gestaltungskonzeption: Christa Johanna Gramm
Redaktion dieser Auflage: Tanja Schindler
Fotos: FALKEN Archiv
Produktion: Dr. Reitter & Partner GmbH, Vaterstetten
Satz: Dr. Reitter & Partner GmbH, Vaterstetten
Druck: Offizin Andersen Nexö Leipzig – ein Betrieb der INTERDRUCK Graphischer Großbetrieb GmbH, Leipzig

014960696X817 2635 4453 6271